Sigrun Ender

Bin ich ein Erdenengel?

Wie Erdenengel ihre wahre Identität erkennen und leben

spirit RAINBOW Verlag

Sigrun Ender

Bin ich ein Erdenengel?

Wie Erdenengel ihre wahre Identität erkennen und leben

spirit RAINBOW Verlag

Impressum

1. Auflage 2021

www.spirit-rainbow-verlag.de

Printed in Germany

Gestaltung, Druck und Vertrieb:
Druck- & Verlagshaus Mainz
Süsterfeldstraße 83
52072 Aachen

www.druckereimainz.de

Abbildungsnachweis:
Umschlaggestaltung: Dietrich Betcher
Grafiken und Bilder: Sigrun Ender
https://pixabay.com/de/

ISBN-10: 3-948108-44-7
ISBN-13: 978-3-948108-44-1

Lieber Erdenengel,

dieses Buch soll Dir helfen,
Dein Erdenleben positiver und leichter zu meistern.

Ich hoffe, dass Dir die Informationen Hilfestellung
und Mut geben,
Dir mehr Verständnis für Dich und Dein Leben bringen.

Ich wünsche Dir, dass Du Dein Erdenleben
somit leichter und freudiger gestalten kannst.

Alles Liebe für Dich!

Sigrun Ender

Inhalt

Kapitel 4 – Lebe das, was Du bist, dann wirst Du vor Fülle überfließen

Kapitel 5 – Wertvolle Zusatzinformationen

**Oh Du lieber Erdenengel,
Vermittler zwischen Gott und den Menschen.
Breite Deine Flügel aus,
erhebe und zeige Dich,
entfalte Dich.**

**Jetzt ist die Zeit gekommen.
Die Zeit der Erkenntnis und des Wissens.
Die Zeit der Wunder!**

**Hab Mut, schreite vorwärts und
setze Deine heilenden Flügel ein.
Hebe Dich ab von der Menge
und lerne wieder zu fliegen.**

**Gehe nun wieder in Deine Kraft und schaue,
was Du damit alles schaffst.**

Sigrun Ender

Kapitel 1 – Erwachen

Ich doch nicht!

Alles begann im Januar 1995. Damals hatte ich noch keine große Ahnung von himmlischen Lichtwesen. Ich sehnte mich nach Veränderung, nach Erfüllung und vor allem nach einem Sinn in meinem Leben. Schon lange war ich in meinem Beruf als Finanzmaklerin unglücklich. Ich war zwar gut in dem, was ich tat, aber die Tätigkeit machte mir keinen Spaß mehr. Zusätzlich zog ich alleinerziehend zwei Kinder groß. Ich meine damit wirklich alleinerziehend, weil ich keinerlei Unterstützung von meinem geschiedenen Mann erhielt. Der Druck, allein für zwei Kinder verantwortlich zu sein, ließ keinen Gedanken übers Aufhören meiner Arbeit zu. Ich sah keinen Ausweg und fühlte mich gefangen in der Situation. So dachte ich damals, es wäre richtig, den Beruf weiterzumachen, obwohl er mich nicht erfüllte und mich durchzubeißen.

Also stand ich jeden Morgen um 6 Uhr auf und versorgte die Kinder, so dass sie pünktlich zur Schule kamen. Dann kam meine Assistentin, ich arbeitete im Büro, bis die Kinder gegen 13 Uhr heimkamen, kochte und kümmerte mich um die beiden. Um 16 Uhr kam die Babysitterin und ich fuhr in den Außendienst für Beratungsgespräche. Oft hatte ich gleich zwei bis drei Termine hintereinander und so war es normal, dass ich vor Mitternacht gar nicht nach Hause kam. Wenn ich dann endlich Feierabend hatte, war jedoch an Schlaf nicht zu denken. Denn in meinem Kopf rotierten die vielen Zahlen und Daten, mit denen ich mich tagsüber beschäftigt hatte. Meine Lösung war der Fernseher, um die Stimmen in meinem Kopf zu übertünchen. So kam es, dass meine Nächte ziemlich kurz und ich konstant unausgeschlafen war. Ich quälte mich weiter und litt Tag für Tag mehr an dem, was ich tat. Wenn ich von heute zurückblicke, frage ich mich: Wie sollte aus einer Qual Gutes und Schönes entstehen? Ich kann Ihnen sagen: Das ist unmöglich. Und so besiegelte ich mein eigenes Schicksal.

Es dauerte sechs Jahre, dann brach ich zusammen.

Das, was mir vorher nicht gelang, schaffte dann eine Krankheit. Sie holte mich schlagartig aus meinem Beruf heraus. Ich hatte mir eine Blasenentzündung eingefangen und wurde medikamentös von meinem damaligen Hausarzt behandelt. »Eigentlich nichts Wildes«, dachte ich. Doch drei Tage später, an einem Montagmorgen, wurde ich eines Besseren belehrt. Ich wachte mit schrecklichen Bauchkrämpfen und Schüttelfrost auf. Also fuhr ich zu meiner Frauenärztin, um etwas gegen die Schmerzen zu bekommen. Sie teilte mir jedoch mit, dass sich in meinem Bauch ein kindskopfgroßes Gewächs kurz vorm Platzen befände. Sollte das passieren, so wäre das mein sofortiger Tod. Ich war geschockt, mein Körper wie gelähmt. Nur in meinem Kopf ratterte es: »Tod! Das kann nicht sein! Was wird aus den Kindern? Was mache ich denn jetzt?« In meiner Not rief ich eine Freundin an. Sie fuhr zu meinen Kindern nach Hause und kümmerte sich um alles, was geregelt werden musste. Und ich? Ich wurde mit Blaulicht in das Zentralklinikum nach Augsburg gebracht. Dort wurde ich sofort vom Oberarzt untersucht. »Ich kann Sie nicht mehr operieren«, sagte er, »das ist viel zu riskant. Aber ich werde mit dem Chefarzt Kontakt aufnehmen. Vielleicht traut er sich, Sie noch zu operieren.«

Da lag ich nun und wartete zwei Stunden auf den Chefarzt. Die zwei Stunden kamen mir wie eine Ewigkeit vor. Mir gingen tausend Gedanken durch den Kopf:

»Was soll das denn jetzt heißen? Wer operiert mich jetzt und was passiert, wenn sich der Chefarzt auch nicht traut?« Während also mein Kopf mit meiner Zukunft eine verwirrende Achterbahnfahrt unternahm, lag ich einfach nur da und fühlte mich schrecklich allein. Nach einer gefühlten Ewigkeit kam dann endlich der Chefarzt. Nachdem er mich gründlich untersucht hatte, trat er an mein Bett und sagte:

»Ich kann das Gewächs nur über einen Bauchschnitt entfernen. Eine Überlebensgarantie ist das jedoch nicht, denn wenn das Gewächs beim Öffnen des Bauches platzt, dann war es das.« Er hielt kurz inne. »Ich werde aber mein Bestes versuchen.«

»Wie ermutigend!«, dachte ich. »Aber was habe ich denn für eine Wahl? Ohne OP kann das Ding in meinem Bauch platzen – und mit OP auch.« Ich entschied mich für Option B, die Operation.

Nun kam Schwung in die ganze Sache. Die Krankenschwester lief hin und her und bereitete alles vor. Schwups, war der Arzt wieder weg und ich durfte erneut warten. Meinem Kopf gefiel die Situation gar nicht, er schickte mir jede Menge beängstigender Gedanken. Die Krankenschwester bemerkte meinen Zustand und erklärte mir, dass ich ruhig weinen dürfe. Dankeschön! Mir war aber so gar nicht zum Weinen. Ich fühlte mich eher wie im falschen Film. Meine innere Stimme schrie: »Ich bin zu jung zum Sterben! Ich bin gerade mal 33 Jahre alt! Hallo, ihr Engel da oben! Hallo! Wenn es einen Gott[1] oder Engel

---

1 Ich möchte hier kurz einschieben, dass an dieser Stelle und auch im weiteren Verlauf nicht der Gott der christlichen Religion gemeint ist oder einer jeden anderen Religion, sondern der Gott meines eigenen, mir später auch durch den Erzengel zugetragenen Verständnisses der Welt, der Urschöpfer aller Dinge und Wesen.

gibt, dann hört mich! Bitte hört mich! JETZT! Denn jetzt brauche ich euch. Ich möchte noch nicht sterben. Ich tue alles, was ihr von mir verlangt. Alles! Aber ihr müsst mir jetzt helfen. HELFT MIR BITTE!«

Aber nichts geschah. Stattdessen blitzten in meinem Kopf Erinnerungen auf:

Etwa ein Jahr zuvor stürzte mein damals neunjähriger Sohn. Er knallte mit dem Kopf gegen einen großen Blumentopf. Die Folge war eine Gehirnblutung.

Ein paar Wochen später kam mein großer 14-jähriger Sohn mit einer Gehirnerschütterung nach Hause. Wieder ein paar Tage später fiel ich eine Treppe hinunter und hatte ebenfalls eine leichte Gehirnerschütterung. Damals kam mir das schon alles äußerst suspekt vor und mir schien, das konnte kein Zufall mehr sein. Eine Freundin riet mir zu einem Heilpraktiker zu gehen, der Aufstellungsarbeit, unter anderem auch Familienaufstellungen anbot. Ich nahm ihren Rat an und kurze Zeit später erlebte ich meine erste Familienaufstellung. Das ist ein Verfahren, bei dem Personen stellvertretend für Mitglieder eines Familiensystems aufgestellt werden, um gewisse Muster innerhalb dieses Systems erkennen zu können. Diese Person darf dann mitteilen, was sie wahrnimmt, denkt und fühlt. In meiner Aufstellung teilte mir die Stellvertreterin meiner Oma väterlicherseits mit, dass ich spirituelle Fähigkeiten hätte und diese endlich annehmen solle.

Danach segnete sie mich. Ich wurde in der Aufstellung von einer Welle der Gefühle übermannt, mir liefen die Tränen die Wangen hinunter und ich war glücklich, überrascht, beeindruckt und gerührt zugleich. Was für ein emotionales Erlebnis! Nachdem ich eine Weile weinend am Boden gesessen hatte, berührte mich der Heilpraktiker an der Schulter und sagte:

»Sie müssen Ihre Spiritualität leben, sonst passiert noch etwas Schlimmeres als die Kopfunfälle. Ihre Kinder nehmen Ihnen etwas ab.« Ich nickte. Doch ich hatte keine Ahnung, wie ich denn meine Spiritualität leben sollte. Was hatte ich denn überhaupt für spirituelle Fähigkeiten? Etwas ratlos verließ ich damals die Praxis und kehrte nach einer Weile zu meinem Alltagstrott zurück.

Der Lärm des Krankenhauses holte mich aus meiner Erinnerung zurück. Ich sollte meine Spiritualität leben, denn sonst geschähe etwas Schlimmeres. »Ja«, dachte ich grimmig, »der Heilpraktiker hat mit seiner Aussage wohl recht behalten.« Eine Weile lag ich nur so da und spürte die Einsamkeit, die mich überkam. Irgendwann fing ich an zu beten. Erst sehr zaghaft und dann immer lauter: »Lieber Gott und liebe Engel, wenn es euch gibt und ich wirklich einen spirituellen Auftrag habe, dann helft mir bitte. Ich möchte noch nicht sterben. Ich will für meine Kinder da sein. Ich werde auch alles tun, was ihr von mir erwartet! Aber bitte macht, dass ich die Operation überstehe!«

Und dann war plötzlich alles schwarz, denn die Narkose wirkte. In meinem Schlaf vernahm ich Stimmen. Ich hörte hunderte Menschen jammern und dachte: »Jetzt bin ich tot.« Irgendwann fühlte ich eine unsanfte Berührung am Arm, die Stimmen verschwanden und ich kam langsam wieder zu mir. Ich war anscheinend nicht gestorben, sondern lag immer noch im Augsburger Krankenhaus. Die Hand, die meinen Arm berührt hatte, gehörte einer Krankenschwester, die nun mit mir sprach. Ich sah, wie sich ihre Lippen bewegten und doch konnte ich den Sinn der Worte nicht verstehen. Meine Augenlider wurden wieder schwer und die Müdigkeit siegte. Doch die Krankenschwester ließ mich nicht schlafen, erneut wurde ich geweckt. Noch etwas benommen fragte ich sie, wo ich denn im Krankenhaus gewesen war, bevor ich in diesen Raum kam, und warum dort dermaßen viele Menschen so gejammert hatten. Doch sie schaute mich ungläubig an und antwortete: »Na, Sie waren im Aufwachraum, aber da waren nur sechs Personen. Außerdem hat dort niemand gejammert.«

»Sehr seltsam«, dachte ich. »Ich habe es doch so deutlich gehört. Der Lärm hat mich richtig genervt.«

Als ich später im Krankenhaus das nächste Mal die Augen öffnete, war ich sehr müde. Die Operation hatte ganze fünfeinhalb Stunden gedauert. Ich verbrachte viele Tage im Krankenhaus und mein Heilungsprozess ging gut voran. Trotz der Schmerzen und dieser hilflosen Situation war ich voller Dankbarkeit. Ein Gedanke ließ mich nicht mehr los:

»Ich lebe. Also muss es doch Engel und einen Gott geben, denn sonst hätte ich das nicht überlebt.«

Vom heutigen Standpunkt aus gesehen, weiß ich, was während der Operation passiert ist: Meine Seele hatte bereits meinen Körper verlassen und war dabei zu gehen. Das Jammern der unzählig vielen Seelen, die ich hörte, war die Stufe der Läuterung. Es war nicht schön zu hören, aber ich wusste auch damals nach der Operation schon, dass es mich nicht betraf. Ich wollte diese Ebene verlassen, da ich keine Resonanz dazu hatte und weitergehen. Doch dann hatte ein Engel meine Seele genau dort abgefangen. Er hat mich an mein Seelenversprechen an Gott erinnert und mir mitgeteilt, dass ich wieder auf die Erde gehen müsse, da sonst der gesamte göttliche Plan ins Wanken geriete, und dass meine Aufgabe zu wichtig wäre, um jetzt die Erde zu verlassen. Er sagte mir, ich solle wieder nach unten gehen und die Erdenengel und die Lichtseelen erwecken, wie ich es versprochen hatte. Heute weiß ich, dass dies der einzig wahre Grund dafür war, dass ich die Operation überlebte. Die Wichtigkeit seiner Worte kann ich bis heute fühlen.

Nach neun Tagen durfte ich endlich das Krankenhaus verlassen und wieder nach Hause gehen. Und nach wiederum zwei Tagen machte ich einen weiteren großen Schritt in Richtung Spiritualität. Ich nahm an meinem ersten spirituellen Seminar teil – einem Aura-Seminar. Die Aura ist das Energiefeld eines Menschen, auch Energiekörper genannt. Dieses setzt sich aus verschiedenen Schichten bzw. Schwingungsebenen zusammen, wobei jede Schicht mit einem entsprechenden Chakra verbunden ist. Die jeweilige Schicht besitzt die gleiche Schwingung wie das dazugehörige Chakra. Die Chakren gehören zum feinstofflichen Energiesystem und nehmen aus der Umwelt Energie auf. Sie wandeln die Energie in unterschiedliche, von uns benötige Frequenzen um und führen sie unserem feinstofflichen Energiesystem zu. In diesem Seminar lernte ich, Blockaden im Energiekörper des Menschen zu lösen sowie den Energiefluss wiederherzustellen.

Ich bekam endlich ein Handwerkszeug, welches mir half, meinen Weg zu finden. Die Techniken, die ich während dieses Seminars erlernte, halfen mir den Zugang zu meiner verschütteten Spiritualität freizulegen.

Das Seminar hatte mir einen Schubs in die richtige Richtung gegeben. Es fühlte sich im Inneren alles leicht an. Leider wollte das Außen noch nicht so recht mitmachen. Mein Körper kämpfte, um gesund zu werden. Aufgrund der starken Narkose hatte ich über viele Monate mit Blackouts zu kämpfen. Manchmal fielen mir die Worte nicht ein und ich konnte keinen Satz ohne Unterbrechungen sprechen. Natürlich war an Arbeit so nicht zu denken, denn als Maklerin in der Finanzwirtschaft ist der gesunde Menschenverstand eine Grundvoraussetzung.

Dennoch war ich zuversichtlich, denn durch meine körperliche Erkrankung hatte ich einen neuen Weg gefunden. Die Krankheit und ihre Folgen holten mich aus meiner beruflichen Gefangenschaft, sie brachte mich dazu, mein Leben zu überdenken. Allerdings so heftig, dass ich nicht dachte, dass ich noch die Gelegenheit dazu bekam. Mein Wille hat anscheinend eine Tür geöffnet, denn ich bekam eine neue Lebenschance. Mir wurde in acht Monaten Krankheit viel Zeit beschert, über meine Zukunft nachzudenken. Mein Wunsch, meinen Heilungsprozess zu unterstützen, war inzwischen zum Leben erwacht.

Darum entschied ich mich: Wenn ich schon nicht arbeiten konnte, so konnte ich mich dennoch weiterbilden. Einmal damit angefangen, nahm ich an vielen Seminaren teil: Familienaufstellungen, Systemische Aufstellungen, Karma-Lehre und Rückführungen, Energiesitzungen und Arbeiten mit dem Inneren Kind. Das dort vermittelte Wissen sog ich wie ein Schwamm auf. Ich war fasziniert, denn ich sah, wie gut mir das tat. Ich fühlte, wie viel Freude mir das bereitete. Die Zeit verging und in mir wuchs das Bedürfnis, mein Wissen weiterzugeben. Ich entschloss mich 2003, ein Gewerbe anzumelden, und begann nebenbei, Coachings zu geben. Das erste Mal in meinem Leben merkte ich, dass Arbeit leicht sein und sogar Spaß machen durfte.

Und dann nahm ich im gleichen Jahr an meinem ersten Channelseminar, »Kommunikation mit Engeln und anderen Lichtwesen«, teil. Beim Channeln nimmt man Kontakt mit etwas nicht Greifbarem auf und erhält Botschaften von himmlischen Lichtwesen, die mit dem rationalen Verstand nicht immer erklärbar sind. Ich lernte in diesem Seminar, himmlische Botschaften zu empfangen. Zu diesem Zeitpunkt war mir noch lange nicht bewusst, dass ich in diesem Bereich eine besondere Gabe habe. Ich war ein sehr bodenständiger Mensch und so war es am Anfang ausgesprochen schwer für mich, den Botschaften zu vertrauen, welche ich da vernahm. Mein Verstand zweifelte zwar die empfangenen Botschaften an, doch mein Notizbuch füllte sich und ich wurde täglich faszinierter von dem, was sich da vor mir auftat. Die Informationen, die ich erhielt, wurden immer deutlicher und ich begann danach zu handeln. Ich hatte gelernt, die himmlischen Botschaften von den Engeln als wertvolle Wegweiser zu sehen. Meine Wertschätzung und Dankbarkeit dafür wuchsen von Mal zu Mal. Im Laufe der Zeit stellte ich fest, dass sich die Mitteilungen bewahrheiteten. Unglaublich! Das Channeln mit den Engeln erfüllte mich zutiefst mit Freude und ich fand Spaß daran, das Neue und Unbekannte zu erforschen.

Langsam, Schritt für Schritt änderte sich mein Leben. War ich vorher von Existenzängsten, Zweifeln und Müdigkeit gequält, so fand ich nun ein tiefes Vertrauen in mich und die himmlische Welt. Aus diesem tiefwurzeln den Vertrauen wuchs ein für mich neues Gefühl: Frieden. Zum Frieden kam die Freude und mit dieser Freude ein Erzengel, der einen ganz besonderen Platz in meinem Leben einnahm: Erzengel Gabriel.

In den vielen Channelings, die ich erhielt, hat sich mein besonderer Bezug zu Erzengel Gabriel immer mehr herauskristallisiert. Ich konnte es kaum glauben, aber er kam immer öfter zu mir, wenn ich channelte und erklärte mir Zusammenhänge, von denen ich vorher keine Ahnung hatte. Das, was er mir erzählte, machte endlich Sinn und wurde auch für meinen Verstand logisch nachvollziehbar. Da wusste ich, es muss sich um eine himmlische Botschaft handeln, denn vorher hatte ich ja keine passende Erklärung dazu. Die Botschaften von ihm befriedigten nicht nur mein Gefühl, sondern auch meinen Verstand.

Es war unbegreiflich, was da geschah. Und ich konnte mein Glück, nach so viel Leid, gar nicht fassen.

Wie oft habe ich geweint, während ich mit Erzengel Gabriel sprach. Oft war es sehr tröstend, denn er fand genau die richtigen Worte, die mir Mut machten. Er erklärte mir, was ich falsch gemacht hatte und warum mir das alles passiert war. So konnte ich endlich mein Leben und auch das Geschehene verstehen und verarbeiten. Zu Erzengel Gabriel hat sich eine sehr besondere Verbindung aufgebaut, da ich regelmäßig Informationen von ihm erhielt.

Sie müssen wissen, jeder Engel hat seine eigene Energie und damit auch seine eigene Art und Weise, Botschaften im Channeling zu vermitteln. Gabriels Energie war immer leicht und freudig. Es war für mich sofort fühlbar, ob er oder ein anderer Engel kam. Gabriel entwickelte sich zu einem liebevollen und sorgsamen Mentor, immer mit einem Scherz auf den Lippen. Er gab mir Trost, wenn mich der Kummer aufzufressen schien, er fand mutmachende Worte, wenn mir alles über den Kopf wuchs, er half mir mein Leben zu verstehen und in der Folge zu verändern.

So wurden die Engel und ihre himmlischen Botschaften für mich zu beständigen Wegweisern. Nach drei Jahren Übung bekam ich dann 2006 eine ganz besondere Information von Erzengel Gabriel.

Er sagte: *»Liebe Sigrun, lass Dich noch mehr auf die Engel ein. Ich bin hier, um Dich zu leiten und zu führen. Du bist ein Sprachkanal für mich und sollst meine Worte an die Menschen weitergeben.«*

Mir wurde heiß und kalt zugleich. Ich? Ein Sprachkanal? Gabriel musste sich täuschen. Das konnte nicht sein. Nein, dafür war ich noch nicht gut genug. Ich hatte viele kleine Ausreden: »Das kann ich nicht. Dafür bin ich nicht gut genug. Ich bin noch nicht bereit. Dafür muss ich aber noch eine andere Ausbildung machen. Dafür habe ich nun wirklich keine Zeit.«

Heute weiß ich: Ausreden haben wir alle und davon beliebig viele! Es kommt darauf an, sie zu entlarven und dann anders zu handeln. Das tat ich dann auch mit Gabriels Hilfe. Jedes Mal, fast täglich, wenn Gabriel mich besuchte, wurde ich von einer grenzenlosen Freude übermannt. Er sprach immer voller Geduld und Liebe zu mir. Es war, als würde er mein Herz berühren. Manchmal hatte ich meine Gefühle gar nicht mehr im Griff. Sie überschlugen sich und mir schossen regelrecht die Tränen in die Augen. Er überflutete mich mit Informationen und für mich begann eine Lebensschule, die ich bis heute kaum in Worte fassen kann.

Im Frühjahr 2013 bekam ich eine weitere erstaunliche Nachricht von ihm. Gabriel sagte zu mir: »*Liebe Sigrun, es ist Deine Lebensaufgabe, den Menschen die Engel wieder näher zu bringen und den Erdenengeln zu helfen.*«

»Das soll wohl ein Scherz sein?«, antwortete ich und spürte, wie in mir Angst aufkam. Wenn es einer seiner Witze war, so fand ich ihn nicht lustig. Es machte mir Angst.

»Was sind denn überhaupt Erdenengel?«, fragte ich. »Ich habe noch nie von ihnen gehört.« Gabriel kicherte verschmitzt.

»*Erdenengel sind Engel, die ihren Engelskörper abgelegt haben*«, erklärte er, »*und in einem menschlichen Körper inkarniert sind. Der Körper ist also irdisch bzw. menschlich, aber mit einer Engelsseele. Verstanden?*«

Mit offenem Mund saß ich da.

»Nein, nicht verstanden«, dachte ich, »aber das Internet wird mich schon nicht enttäuschen.«

Ich durchsuchte das Internet nach Informationen zu den Erdenengeln. Doch im Internet fand ich damals nichts und auch sonst gab es keine Informationen zu dem

Thema. Wie sollte ich Gabriel ohne Informationen helfen? Obwohl ich nicht wusste, wie ich diese Aufgabe lösen sollte, nahm ich die Herausforderung an.

In diesem Moment fiel mir etwas ein. Vor einiger Zeit hatte mich eine Kundin aus der Schweiz gebeten, mit ihrem dreijährigen Enkelkind zu arbeiten. Der Kleine hatte Probleme mit den Augen. Sie wollte wissen, womit der zu hohe Augendruck zu tun hatte. Nachdem sie mir ein Foto von dem Jungen zugesandt hatte, fing ich an, mit ihm zu arbeiten. Als ich in seine Energie ging, sah ich plötzlich kleine Flügel an seinem Rücken. Es war ein wundervolles Bild. Ich war verblüfft und fasziniert, hatte ich doch sowas vorher noch bei keinem anderen Kunden gesehen. Ich befragte das Höhere Selbst des Jungen, was es mit den Flügeln auf sich hatte. Es sagte mir, er sei ein kleiner Engel hier auf Erden, ein sogenannter Erdenengel. Die Augenprobleme rührten daher, dass er seine wahre Identität, seine Erdenengelidentität, nicht anerkennen und sehen wollte. Nach dem Lösen aller Blockaden und Fremdbelastungen konnte der Junge seine wahre Identität annehmen und integrieren. Ein paar Wochen später teilte mir seine Großmutter mit, dass sich der Augendruck verringert hatte. In der damaligen Situation nahm ich dieses Ereignis einfach so hin und dachte mir nicht viel dabei.

Nun war diese Erinnerung der einzige Hinweis in dem Fall »Erdenengel«. Doch wie sollte ich den Menschen die Engel näherbringen? Oder noch besser, wie sollte ich den Erdenengeln helfen? Man würde mich für verrückt halten. Da ich keine Lösung fand, beschloss ich, erst einmal Ruhe zu bewahren. In regelmäßigen Abständen versorgte mich Gabriel mit Hinweisen. Zeitgleich tauchten in meinem Leben immer mehr Erdenengel in Gestalt meiner Klienten auf und bestätigten Gabriels Informationen. Es war ein tägliches Beobachten, Staunen und Mitwachsen.

Sehr oft war ich sprachlos und konnte selbst nicht glauben, was da gerade passiert. Ehe ich mich versah, steckte ich mitten drin im Fall »Erdenengel«.

Zu Erzengel Gabriel baute sich mit jedem Channeling eine intensivere Beziehung auf. Das ging so weit, dass ich ihn bereits an seiner Energie wiedererkannte. Er sagte einmal scherzhaft zu mir: »*Wer einmal von mir, Gabriel, mit meiner Engelsenergie infiziert ist, ist immer infiziert. Sprecht meine magischen Worte: Freude! Freude! Freude!*«

Und so ist es auch. Seine Worte haben sich verselbständigt. Und alle Personen, die sie aussprechen, bekommen ein Lächeln ins Gesicht. Sie verbreiten einfach gute Laune und jeder denkt dabei an *Gabriel*. Er gibt den Menschen mit seinen »magischen Worten« Hoffnung und Zuversicht.

Die Botschaften der Engel sind wie eine himmlische Lebensschule, um unser Leben hier auf der Erde leichter zu gestalten. Wir dürfen von ihnen vieles erfahren und lernen, um dann ins Handeln zu kommen. Wenn das passiert, dann ändert sich das komplette Leben. Sehr oft holten mich die Engel und insbesondere Gabriel aus meiner Komfortzone heraus und es war nicht immer einfach, das zu tun, was sie sagten.

Ich kann mich noch sehr genau an den Tag erinnern, an dem er mir mitteilte, dass ich nun Engelbilder malen sollte. Ich Engelbilder malen? Das war zu lustig und ich fing herzhaft an zu lachen. »Was für ein Scherz«, dachte ich. Das war allerdings kein Scherz von ihm. Er erinnerte mich daran, dass ich als Kind schon stundenlang Bilder gemalt hatte. Und Sie glauben es nicht, ich hatte es wirklich vergessen, doch nun fiel es mir wieder ein. Die Wände meines Kinderzimmers waren mit meinen Bildern geschmückt. Klar hatte ich als Kind viel gemalt, aber Engelbilder zu malen, das war für mich eine ganz andere Nummer. Doch Gabriel hatte mich zum wiederholten Mal so motiviert, dass ich es doch versucht habe. Heute verkaufe ich meine Bilder. Das war damals, als ich die Info bekam, unvorstellbar für mich.

Auch ich musste mich unzählige Male überwinden, seinen Anweisungen zu folgen, aber am Ende war es immer positiv. Es ist ein himmlisches Geschenk, dass Erzengel Gabriel sich uns offenbart und dass er uns sein Wissen als Erzengel zur Verfügung stellt. Ich bin unsagbar dankbar für seine Hilfe und sein Wissen.

Vielleicht denken Sie beim Lesen: »Und wie kann ich auch einen guten Kontakt zu den Engeln oder zu Gabriel bekommen?« Haben Sie noch etwas Geduld, darüber erhalten Sie in den nächsten Kapiteln noch mehr Informationen. Wenn ich jedoch die Erdenengel sehe, die ich seit dieser Zeit begleiten darf, ist es einfach nur wunderbar. Die Verbindung zu den Engeln wächst von Tag zu Tag. Durch die vielen Botschaften von Erzengel Gabriel gewinnen die auf der Erde Lebenden Vertrauen und verlieren ihre Ängste. Sie wachsen und entwickeln sich, wodurch auch sie zu mehr Selbstsicherheit gelangen. Der Lebenskampf, welchen einige der Erdenengel auf der Erde oft führen, verschwindet immer mehr und das Leben wird zu einem schönen Abenteuer.

Ein halbes Jahr später, am 13.10.2013, bekam ich in einem Channeling wieder eine Information zu den Erdenengeln. Gabriel erklärte mir:

»Liebe Sigrun, ihr Menschen sollt eure eigenen Kapazitäten und die der Engel kennenlernen. Die Grenzen, die ihr euch gesetzt habt, werden sich weiten. Vieles, was ihr nie für möglich gehalten habt, wird sich fügen. Es beginnt sich eine neue Welt zu öffnen. Eine Welt, die bis-

lang verschlossen war und in der Angst keine Rolle mehr spielt. Angst ist nur eine menschliche Emotion. Sie hat bei uns Engeln keine Kraft. Sie ist ein Teil von euch. Wir Engel sehen sehr neutral und deutlich. Ängste aber können die Sicht vernebeln. Darum tut ihr Menschen euch oft so schwer, da die Angst im Vordergrund steht. Tretet ihr aber in die himmlische Welt ein, dann gibt es dort keine Angst mehr. Vertrauen, Glaube, Liebe, Leichtigkeit, Hoffnung, Mut. Das ist unsere Welt. Hätten wir diese Emotionen begraben, wären wir keine Engel. Sie sind die Grundbasis für unser Dasein, für unsere Existenz. Auch die sogenannten ›Erdenengel‹ erkennt ihr daran. Sie besitzen dieselben Gaben und sie sind für euch auf die Erde gekommen, um euch zu helfen.

Sie machen euch Mut und geben euch Hoffnung. Erdenengel machen euch nie Angst! Achtet darauf und ihr wisst, wer einer dieser ›Engel‹ ist. Sie tragen all die Fähigkeiten in sich, die ich erwähnt habe. Auch sie geben euch Halt, machen euch Mut und Hoffnung. Das ist die Grundbasis ihres Wesens. Es gibt aber auch noch andere Engel, die für die Erde zuständig sind. Sie sind zum Schutz und zur Hilfestellung der Erdenengel da. Sie stehen in Kontakt miteinander, um die Menschen in Einklang in ein höheres Bewusstsein zu führen. Sie arbeiten Hand in Hand und geben wichtige Hinweise für das Wohl der gesamten Menschheit. Jeder Engel hat eine bestimmte Aufgabe, so wie ihr Menschen auch. Ihr habt bestimmte, spezielle Fähigkeiten. Das Gleiche gilt auch für uns. So große Unterschiede gibt es nicht zwischen Engeln und Menschen. Unsere entscheidendste Fähigkeit ist, dass wir nicht durch Raum und Zeit begrenzt sind. Ihr Menschen schon. Wir Engel können in die Vergangenheit, Gegenwart und Zukunft blicken. Somit ist es uns möglich, Situationen und Entscheidungen anzusehen. Wir können

Auswirkungen erkennen, die ihr durch eine Entscheidung trefft. Wir können die Auswirkung erkennen, die ihr durch euer Sprechen und Handeln erzielt. Deswegen ist es uns auch möglich, Situationen in der Vergangenheit zu bereinigen und zu berichtigen, so dass sich in der Zukunft ein anderes Bild zeigt. Doch das dürfen wir nur auf ausdrücklichen Wunsch von euch. Eine enge Zusammenarbeit ist deshalb sehr wichtig. Nun, meine liebe Sigrun, hast Du viel über uns Engel erfahren. Ich erzähle Dir das alles, damit Dein Vertrauen wieder wächst. Damit Du, Sigrun, wie auch die Menschen, den Glauben an euch selbst und an uns nicht verliert. Ihr sollt lernen, uns Engel und alle Zusammenhänge besser zu verstehen.«

Gut, ich wusste nun, dass die Erdenengel hier sind, um den Menschen zu helfen, ein leichteres und erfülltes Leben zu führen. Wie ich den Erdenengeln helfen sollte, wusste ich jedoch noch nicht. Doch mir fiel langsam der Zusammenhang zwischen meiner Arbeit als Coach und meinen Erdenengelklienten auf. Wahrscheinlich war das alles kein Zufall. Ich channelte Gabriel erneut, um weitere Informationen zu bekommen. Und er sagte: *»Sigrun, weißt Du eigentlich, dass es ein Teil Deiner Lebensaufgabe ist, die Erdenengel ›wiederzuerwecken‹ und sie an ihr himmlisches Bewusstsein zu erinnern?«*

Diese Botschaft schlug wie eine Bombe ein. Etwas in mir hatte mit einem großen himmlischen Auftrag gerechnet, denn sonst würde bestimmt kein Erzengel mit mir sprechen. Der Satz allein klang schon verrückt! Aber der andere, sehr viel größere Teil in mir wehrte sich wieder.

»Da musst Du Dich irren«, antwortete ich, »das kann ich doch nicht!«

Doch Gabriel lächelte nur und erklärte mir: *»Du kannst das!«*

Ich schüttelte den Kopf.

»Doch, Du kannst das«, sagte er, *»sonst wäre es doch nicht Deine Lebensaufgabe. Das hatte ich Dir doch schon gesagt. Lass die Sorgen los. Du wirst alle Informationen bekommen, die Du benötigst.«*

Er lachte und freute sich. Mir allerdings war gar nicht zum Lachen zumute. Da stand ich nun erneut mit einer dieser Knaller-Nachrichten und wusste nicht wirklich etwas damit anzufangen. In diesem Moment hoffte ich, dass der Zug namens Lebensaufgabe einfach an mir vorbeifahren würde. Doch das tat er nicht.

Jedes Mal, wenn ich von Gabriel eine neue Botschaft bekam, rüttelte diese mein komplettes System durcheinander. Die Informationen waren für mich komplett neu und ich musste das Gesprochene erst einmal verarbeiten. Mein Verstand rebellierte. Doch dann bestätigten sich Gabriels Nachrichten in meinen Coachings, das Kopf-Chaos legte sich und ich konnte weiter blicken als je zuvor. Jede Information war wie ein verlorenes, kleines Puzzleteilchen, doch je mehr ich dazu lernte, desto mehr fügten sich die Teile zusammen. Plötzlich ergab alles einen Sinn und die Worte von Gabriel wurden logisch – auch für meinen Verstand.

Ich arbeitete mittlerweile erfolgreich als Coach. Bisher hatte ich keine Werbung gemacht, denn die Kunden fanden mich von allein. Alle kamen auf persönliche Empfehlung zu mir. Faszinierend! Zwischenzeitlich hatte ich schon einige Erdenengel an ihre wahre Identität erinnert und ihnen in ihre Kraft geholfen. Ich erinnerte diese Engelseelen an ihr Engelwissen. Nun fragte ich mich, wie ich weitere Erdenengel finden sollte.

Gabriels Antwort ließ nicht lange auch sich warten. Er lachte laut und sagte: *»Weißt Du, Sigrun, für Dich gibt es nur einen Chef. Nämlich den himmlischen Chef. Und der hat den größten Kundenstamm der Welt. Du musst Dir* *also keine Sorgen machen. Es werden viele Erdenengel zu Dir finden.«*

Daraufhin musste auch ich lachen. Wie recht er hatte. Wieder war mir mein Verstand in die Quere gekommen und wieder stellte Gabriel meinen Blickwinkel richtig.

Gabriels sprach weiter: *»Liebe Sigrun, ich möchte Dir noch mehr Infos zu den Erdenengeln geben. Bei euch Menschen gibt es sogenannte Blutlinien. Jede Familie hat ihre eigene Blutlinie. Die gibt es auch im übergeordneten, göttlichen Sinne. Im Himmel bezeichnen wir diese als Lichtlinien. Wie im Himmel, so auf Erden. Einer dieser Linien entspringen beispielsweise die Indigo-Kinder, einer weiteren Linie die Sternen-Kinder. Dann gibt es noch Kristall-Kinder, die Hüter der Mutter Erde, die Erdenengel, die Engel, die Regenbogenkinder und die Hüter des göttlichen Lichts. Alle sind einer eigenen Linie zugeordnet. Vergleichbar mit dem Stammbaum eines Familiensystems. Sie haben nur einen eigenen Namen.*

Jede dieser Lichtlinien hat eine besondere Gabe und bestimmte Bedürfnisse. Die Erdenengel sind wie gesagt Engel, die sich auf der Erde inkarniert haben, um den Menschen neues Wissen und Bewusstsein zu übermitteln. Sie stehen in enger Verbindung mit den anderen Engeln, die nicht auf der Erde inkarniert sind. Sie arbeiten Hand in Hand und möchten die Menschen unterstützen. Daher treten immer mehr Engel mit den Menschen in Kontakt. Das zeigt das spirituelle Erwachen in den letzten Jahren. Die meisten Erdenengel wissen nicht, welcher Herkunft sie entspringen. Dadurch fühlen sie sich leider oft allein gelassen, nicht anerkannt oder missverstanden. Jedoch kannst Du bei allen dieser Personen besondere Eigenschaften entdecken, sogenannte Raster, die all diese Erdenengel gemeinsam haben. Sie können sich ihre eigenen Fehler nur schwer verzeihen. Wenn Du diesen Seelen aber erklärst, wer sie sind, dann fühlen sie sich endlich verstanden und angenommen. Sie verstehen ihre eigenen Handlungen besser und verurteilen sich selbst nicht mehr so sehr für ihre Schwächen. Erdenengel haben einen Hang zum Perfektionismus. Alles sollte seine Ordnung haben, sonst stimmt ihr Gefühl nicht. Ist das nicht der Fall, finden sie kaum Ruhe und fühlen sich innerlich getrieben. Darum können Erdenengel nur schwer gegen ihre Gefühle handeln. Sie müssen lernen, ihre Fähigkeiten bewusst einzusetzen, um in ihre Stärke zu kommen. Wenn sie das tun, dann fühlen sie sich nicht mehr hilflos und ausgeliefert. Ihre Schwächen werden dann zu ihren Stärken. Außerdem sollten sie lernen, mit ihren heilenden Engelskräften zu arbeiten. Das entspricht ihrer Basis. Es wäre sinnvoll, wenn Du, Sigrun, die Erdenengel an ihre heilenden Engelskräfte erinnerst, damit sie diese dann zum eigenen Wohl und auch zum Wohle der anderen einsetzen können. Was die Erdenengel von vielen anderen Wesen unterscheidet, ist ihr Aussehen. Sie haben Engelsflügel. Auch die Flügel haben Kräfte, deren sich die Erdenengel nicht mehr bewusst sind. Wenn sie lernen, ihre Flügel bzw. ihre Engelskräfte wiedereinzusetzen, dann werden sie selbst Heilung erfahren. Denn Engel können durch Raum und Zeit fliegen. Engel sind nicht an irdische Begrenzungen von Raum und Zeit gebunden. Daher haben Erdenengel auch sehr große mediale Fähigkeiten. Sie sind sehr gute heilende und spirituelle Berater, die auch Karmas heilen sowie weitgehende Zusammenhänge erfassen können. Ihr Radius reicht sehr weit. Darum zeige ich Dir, liebe Sigrun, wie die Engelsflügel eingesetzt werden sollen. Die Erdenengel können sich dann entpuppen und mit den Flügeln sich selbst und andere Menschen heilen. Wenn die Erdenengel erst einmal erwacht sind, sich an ihre Identität erinnern und wieder zu Kräften finden, dann können wahre Wunder geschehen.«

Mit diesen Worten schloss Gabriel und ich saß gerührt und mit Tränen in den Augen da. Wie wunderschön diese Worte klangen. Mit einem Mal taten mir die Erdenengel leid. Die armen Engel wissen durch ihre Geburt hier auf der Erde nicht mehr, wer sie sind und opfern sich für uns Menschen auf. Und wir Menschen sehen und erkennen sie nicht. In diesem Moment wollte ich noch mehr helfen als je zuvor. Den Erdenengel musste geholfen werden! Es reichte nicht, sie zu erwecken. Sie brauchten Hilfsmittel und Wissen, um sich selbst zu helfen. Sie müssen erfahren, wer sie sind, und an ihre wahre, himmlische Identität erinnert werden.

Gabriel hatte anscheinend meinen Wunsch, ihn zu unterstützen, vernommen. So entstand die Flügelarbeit als »ErdenEngel-Coachingtechnik« und die »ErdenEngel-Coach-Ausbildung«. Mein erstes Engel-Event war gleichzeitig ein großer Vertrauenstest. Denn dieses Event hatte keinen bekannten Inhalt und sollte über drei Tage gehen. Sie fragen sich jetzt vielleicht: Wieso hat sie denn so etwas organisiert? Ich kann Ihnen versichern, auf so eine verrückte Idee komme ich nicht selbst. Wieder einmal war Gabriel der Strippenzieher.

Er sagte nur: *»Liebe Sigrun, bitte lade die Erdenengel ein. Schreibe in Deine Seminareinladung: Inhalt unbekannt – Seminarleiter ist Erzengel Gabriel.«*

»Oh mein Gott, das darf doch nicht wahr sein!«, dachte ich. Was für eine Herausforderung. Können Sie sich vorstellen, was in meinem Kopf abging? Mein menschlicher Verstand rebellierte. »Das geht doch nicht. Das kannst du nicht machen. Die halten dich doch alle für komplett verrückt. Coachings geben – okay, aber ein Seminar über drei Tage zu halten, ohne den Inhalt zu kennen, das geht gar nicht. Und ich soll auch noch sagen, dass Seminarleiter Erzengel Gabriel ist?« In dem Moment wäre ich am liebsten in ein Mauseloch gekrochen. Ich habe 20 Jahre in einer Branche gearbeitet, in der es um Zahlen, Daten und Fakten ging. Und nun sollte ich so etwas bewerben und öffentlich kundtun. Kleinlaut erwiderte ich: »Das traue ich mich nicht.«

Gabriel stellte mir daraufhin zwei Fragen: *»Habe ich Dir schon einmal Schaden zugefügt? Vertraust Du mir?«*

Die panischen Gedanken verstummten. In mir wurde es still.

»Ja«, sagte ich, »ich vertraue Dir!«

In diesem tiefen Vertrauen verschickte ich die Einladungen an die Kunden, von denen ich bereits wusste, dass sie Erdenengel sind. Egal, was die anderen von mir denken würden. Er hatte so viel für mich getan und nun war ich an der Reihe, etwas für ihn zu tun. Und wie sagt man noch: Ist der Ruf erst ruiniert, lebt es sich ganz ungeniert. Das tat es auch. Nachdem die Scham verpufft war, fühlte ich mich wie befreit.

Mein erstes Engel-Event im Juni 2014 wurde ein voller Erfolg. Es war eines meiner schönsten Events, die ich je gegeben habe. Interessanterweise war das Seminar sofort ausgebucht. Es hatten sich 16 Personen angemeldet. Mein Ehemann Armin unterstützte mich, wo er nur konnte. Unsere anfänglichen Sorgen einen perfekten Ort zu finden, lösten sich auf, als wir die Zusage vom Seminarhaus »Werkstatt Engel« bekamen. Werkstatt Engel! Das hielt ich für ein Zeichen. Am ersten Tag des Seminars schlugen meine Gefühle Purzelbäume. Tief in mir wusste ich, dass es ein ganz besonderer Tag werden würde und doch fühlte ich mich morgens schon ganz zittrig. Meine Nervosität stieg von Stunde zu Stunde und im Auto auf dem Weg zum Seminarhaus liefen mir unkontrolliert Tränen die Wangen hinunter. Mein Mann machte sich Sorgen und fragte: »Warum weinst Du denn?«

Ich antwortete: »Aus Freude und Nervosität zugleich.«

Meine Gefühle hatten sich selbstständig gemacht. Als wir im Seminarhaus ankamen, traute ich meinen Augen nicht. Das Haus erstrahlte im warmen Kerzenschein vieler Teelichter. In jeder Ecke schauten uns geschnitzte Holzengel aller Größen an. Eine schönere Begrüßung hätte ich mir nicht vorstellen können. Ein Künstler hatte spontan seine Ware ausgestellt. Was für eine Überraschung. Ein weiteres Zeichen. Die Tränen liefen und liefen.

»Wie soll ich denn so ein Seminar machen«, schluchzte ich, »wenn ich jetzt schon dauernd weinen muss?«

Meine Sorge war wie immer unbegründet. Mein Freund Gabriel war an meiner Seite und führte mich. Das Seminar war atemberaubend und noch heute sprechen wir davon. Für mich waren es drei Tage in einer anderen Welt. Die Teilnehmer waren begeistert. Gabriel jubelte. Mitte 2015 durchlief dann die erste Gruppe die Erden-Engel-Coach-Ausbildung. Erneut ohne inhaltliche Vorbereitung. Alle inhaltlichen Blöcke und die Strukturen entstanden während der Ausbildung mit Erzengel Gabriel. Ebenso gab mir Gabriel etwas zeitversetzt den Impuls, ein Online-ErdenEngel-Portal (www.erdenengel-portal.de) zu entwickeln. Eine Plattform für alle ausgebildeten ErdenEngel-Coaches, um gemeinsam zu wachsen und bekannter zu werden. Die entstandene Website war für mich ein weiterer Schritt in die Öffentlichkeit und damit ein weiterer Schritt zu mir selbst. Ich ließ mich immer öfters fallen und von den Engeln leiten.

Ich habe keine Ahnung, wo mich der Weg mit den Engeln und insbesondere Gabriel hinführt. Aber ich weiß, dass ich mich nicht dagegen wehren möchte. Tief in mir, fühle ich, dass ich geführt und beschützt bin. Dieses wunderschöne Gefühl wünsche ich mir für jeden Menschen und jedes Lebewesen auf dieser Erde.

Ich weiß, dass die Erdenengel durch das eigene Erkennen und Annehmen ihrer wahren Identität zu großen Kräften finden werden. Ich weiß es, weil ich es selbst erlebt habe. Erst wenn sie im Innern erfüllt sind, kann sich diese Erfüllung auch im Außen zeigen. Durch das Erkennen ihrer Engelsidentität werden sie ihre eigentliche Berufung finden und leben können. Auf diese Weise werden sie das Leid ablegen und ihre Leichtigkeit finden. Denn sie haben sich ihre irdische Berufung und Lebensaufgabe nach ihren noch verborgenen Gaben und Talenten ausgesucht. Sie tragen alle Fähigkeiten in sich, die sie benötigen, um ihren Lebensplan auf der Erde zu realisieren. Ich freue mich unendlich auf das Erwachen der Erdenengel auf unserem Planeten. Es warten noch viele wunderschöne Überraschungen auf uns.

Wenn Sie gerade mein Buch in Ihren Händen halten, dann wünsche ich mir für Sie, dass die himmlischen Botschaften von Gabriel auch Ihnen helfen und Mut machen. Ich wünsche Ihnen viel Spaß beim Lesen und hoffe, dass Sie viele wertvolle Erkenntnisse erhalten.

Ihre
Sigrun Ender

Lieber Erdenengel,

Du bist auf der Erde geboren und fühlst Dich
hier oft verloren.
Nutze Deine Flügel,
denn damit kommst Du in andere Sphären
und in der Folge wird sich vieles in Deinem Leben
für Dich klären.
Lerne zu fliegen und hebe ab,
dadurch findest Du wieder Deine Kraft!

Sigrun Ender

Wer bin ich jetzt? – Die neue Identität

Im Jahr 2013 bekam ich von Gabriel weitere Informationen zu den Erdenengeln. Ich war schon sehr gespannt, welche neuen Informationen er mir mitzuteilen hatte. Das Thema war zwischenzeitlich allzeit präsent und so freute ich mich jedes Mal, wenn er Kontakt zu mir aufnahm. Sein Wissen war phänomenal und ich spürte, wie ich mich danach sehnte, mehr von ihm zu erfahren. Mein Wissensdurst war kaum zu stillen und Gabriel gab mir zeitnah weitere Infos:

»Liebe Sigrun, die Entpuppungsphase hat begonnen. Für die Erdenengel heißt das, dass die Veränderung jetzt in vollem Gange ist. Sie legen Ihren ›Kokon‹ ab. Dabei findet aktuell die Geburtsphase der Erdenengel statt. Jetzt beginnt das Zeitalter der Erdenengel. Die Erdenengel bekommen nun ihre Flügel wieder. Sie können damit ihre heilende Engelsenergie wiedereinsetzen und sich selbst und andere Menschen heilen. Das ist ein wunderbarer Zustand, da sie alle gemeinsam sehr viel Gutes hier auf der Erde bewirken werden. Ich freue mich schon sehr darauf, da doch viele Menschen Hilfe benötigen und die Erdenengel wundervolle himmlische Helfer sind. Sie können dann Wunder vollbringen! Ach, liebe Sigrun, wenn Du wüsstest, wie viel Kraft in den Erdenengeln steckt!

Ich möchte es Dir noch etwas genauer erklären: Stell Dir eine Raupe vor. Bis sie sich zu einem Schmetterling entpuppt, kriecht sie erst mal auf der Erde – am Boden. Wenn sie sich aber entpuppt, dann wird sie zu einem wunderschönen Schmetterling und kann fliegen. Ähnlich ist es auch bei den Erdenengeln. Dieser Prozess des Entpuppens braucht etwas Zeit und darin befinden sich die Erdenengel gerade. Sie fangen an, sich zu entpuppen, und kommen erst jetzt nach und nach in ihre Entfaltungsphase. Die wahre Identität war bis dato verschleiert und fast niemand konnte sie erkennen oder sehen. Ist der alte Kokon aber erst mal am Aufbrechen, dann können sie aus ihrem Kokon schlüpfen und sich entfalten. Das heißt wiederum, sie müssen nichtsdestotrotz zuerst ihre alte Identität ablegen, damit sie wieder fliegen können. Denk an den Schmetterling. Wenn dieser besagte Verwandlungsprozess abgeschlossen ist, dann können sie andere Höhen und Dimensionen erreichen und ihr Engelsbewusstsein wieder abrufen. Darum gebe ich, Gabriel, Dir, Sigrun, nur Stück für Stück dieses himmlische Wissen weiter. Du könntest es sonst nicht verarbeiten und aufnehmen. Das menschliche Gehirn wäre damit überfordert. Stell Dir vor, auch Du schnaufst sehr oft und fühlst Dich überfordert. Was glaubst Du, wie es Menschen geht, die nicht täglich damit umgehen und arbeiten, wie Du es tust?«

»Die schnaufen noch mehr«, antwortete ich lächelnd.

»Das ist richtig. Du würdet anfangen, an Dir selbst zu zweifeln. Und das wäre unproduktiv. Das würde nicht dem Zweck, dem göttlichen Plan entsprechen. Darum gehe ich, Gabriel, sehr bedacht und weise vor, um euch Lichtseelen nicht zu überfordern. Die Erdenengel haben ihr Wissen vergessen und jetzt wird es schrittweise wieder zum Leben erweckt! Damit sie es genauso weise und bedacht einsetzten können, wie ich das tue. Ein wundervoller Plan! Da wir immer auf euer Wohl bedacht sind, überlegen wir uns sehr genau, wie wir vorgehen, damit ihr das unbeschadet annehmen könnt. Es ist von großer Hilfe, wenn die Engel wieder auf der Erde bewusst wirken können. Obgleich es sich für viele Menschen unreal anhört, ändert das nichts, weil es einfach so ist! Ich weiß, liebe Sigrun, dass auch Du manchmal damit zu kämpfen

hast. Und so geht es auch anderen Personen. Daher kann ich euch nur den Rat geben:

Hört auf Eure Herzensgefühle!

Lasst euch nicht von eurem Verstand oder Ego täuschen und irreleiten. Die Gefühle sind euer Leitsystem. Sie leiten euch den richtigen Weg. Sie sind das Licht, das euch bei schweren Situationen den richtigen Weg aus der Dunkelheit zeigt. Vertraut auf eure Gefühle, auch wenn der Verstand sich einschaltet. Ihr Erdenengel werdet es fühlen, was richtig und wahr ist. Vertraut darauf, dass sich jetzt vieles zum Positiven wenden wird. Wenn der ›Kokon‹ abgelegt ist, beginnt zeitversetzt ein neues wundervolles Leben für euch. Erst dann seid ihr im Stande, eure Kräfte in vollem Umfang wiederzufinden.«

Wenn man mit Flügeln geboren wird,
sollte man alles dazu tun,
sie zum Fliegen zu benutzen.

Florence Nightingale

Warum gerade jetzt? – Das Erwachen

Warum erwachen gerade jetzt die Erdenengel? Warum dauert das so lange? Haben Sie sich diese Fragen vielleicht auch schon gestellt? Dazu möchte ich Ihnen gerne Antwort geben: Das Erwachen der Lichtseelen hängt mit der Schwingungserhöhung der Erde seit dem Jahr 2000 zusammen. Sie hat ihre bisherige Position zu den anderen Planeten verändert. Die Erde hat sich über lange Zeit von der Zentralsonne wegbewegt und nun bewegt sie sich wieder darauf hin. Die Frequenz auf der Erde erhöht sich permanent deswegen und durch die Schwingungserhöhung erfahren wir Menschen augenblicklich ein verstärktes spirituelles Erwachen. Die Menschheit befindet sich im Übergang in die 5. Dimension. Gerade die Lichtseelen sind dadurch stark betroffen. Denn sie sind hier, um die Menschen in diesem Übergang zu begleiten. Seit dem 21.12.2012 erwachen insbesondere die Erdenengel. Dieses Erwachen führt dazu, dass die Erdenengel nun ihre wahre Identität wiederfinden.

Im einem Channeling hat es mir Erzengel Gabriel so erklärt:

»Liebe Sigrun, Du musst Dir vorstellen, die Erdenengel haben bisher eine andere Identität gelebt. Sie haben durch die vielen Inkarnationen bzw. Wiedergeburten auf der Erde vergessen, wer sie wirklich sind. Dadurch können sie ihre Kräfte und Fähigkeiten nicht mehr einsetzen und leben. Sie sind sogenannte ›Schläfer‹, die durch die Schwingungserhöhung jetzt gerufen und wiedererweckt werden. Dabei legen sie ihre bisherige Identität nieder und müssen ihrer wahren Bestimmung folgen. Das ist auch der Grund, warum sie sehr oft ihren bisherigen Be-

ruf nicht mehr mit Freude ausüben können. Sie haben schlechte Gefühle dazu und fühlen sich dadurch überfordert oder auch orientierungslos.

Diesbezüglich wird es immer schwieriger, faule Kompromisse zu leben, und dadurch leiden sie natürlich noch mehr. Du, liebe Sigrun, sollst ihnen helfen und zeigen, wie sie ihre Engelskräfte aktivieren und wiedereinsetzen. Damit sie eben nicht mehr so leiden müssen und leichter ihrer wahren Bestimmung folgen können. Sie haben alle einen Auftrag. Die Erdenengel sowie auch andere Lichtseelen (mit höherem Bewusstsein) werden nun gerufen, um die Menschheit und die Erde zu retten. Ihr innerer Ruf, der Seelenruf wird aus diesem Grund aktiviert. Es besteht die Gefahr, dass die Menschheit sich selbst vernichtet. Daher brauchen die Menschen spirituelle Lehrer, die ihnen wieder ein neues Bewusstsein vermitteln, sie in die 5. Dimension begleiten. Sehr viele Menschen haben leider die Wichtigkeit verkannt. Du musst nur verfolgen, wie viel Leid immer wieder auf der Erde passiert.

Durch dieses Leid werden kontinuierlich noch mehr Menschen verunsichert. Die Ängste und die Unsicherheit wachsen, was nicht gut ist. Denn je mehr Personen ihren Fokus darauf lenken, umso größer und schneller wird sich diese Angst aufbauen und vermehren. Ihr Menschen pumpt förmlich Luft in den Luftballon. Das ist die falsche Vorgehensweise.

Die Erdenengel sowie auch die anderen Lichtseelen erwachen und kommen, um euch zu zeigen, wie es geht. Sie besitzen das Wissen und die dazugehörigen Hilfsmittel. Sie zeigen euch, was richtig und falsch ist. Sie helfen euch bei der Umsetzung und bei der Vorgehensweise. Sie dienen euch als Vorbild. Deswegen verurteilt sie nicht, oder seid neidisch auf sie. Sie sind einzig und allein hier, um die Erde und die Menschen zu retten! Dafür haben viele dieser Seelen sehr viel Leid auf sich genommen. Behandelt sie bitte mit Respekt und Dankbarkeit. Das ist mein Wunsch, denn das haben sie wahrhaftig verdient.«

»Ja, das haben sie! Lieber Gabriel, ich hätte noch eine Frage an Dich: Inzwischen habe ich ja schon viele Erdenengeln kennengelernt und mir ist aufgefallen, dass nicht alle auf der gleichen Bewusstseins- und Entwicklungsstufe sind? Kannst Du mir dazu noch etwas erklären?«

»Sigrun, Du musst wissen, dass es auch bei den Erdenengeln unterschiedliche Bewusstseinsebenen gibt. Das hängt mit der Reife und dem Reifeprozess der Seele zusammen. Ebenso damit, wie oft ein Erdenengel schon auf der Erde inkarniert ist. Je häufiger er das bereits getan hat, umso erfahrener ist er. Darum gibt es sogenannte Baby-Erdenengel, Kinder-Erdenengel, Teenager-Erdenengel, Erwachsenen-Erdenengel, reife Lehrer-Erdenengel. Diese Lebenszyklen durchläuft ihr auch als Mensch. Damit die Erdenengel die Menschen in diesen unterschiedlichen Lebensphasen erreichen, sind gerade deswegen Erdenengel mit verschiedenem Bewusstseinsstand und Erfahrungswert hier. Somit können sie den Menschen auf entsprechender Augenhöhe begegnen. Je reifer eine Erdenengel-Seele ist, umso wichtiger und größer ist auch ihr Auftrag hier auf der Erde. Jetzt erwachen viele und ich, Gabriel, freue mich sehr. Nun hoffe ich, liebe Sigrun, dass Du die Hintergründe besser verstehen kannst?« Gabriel schmunzelte.

Ich musste ebenfalls grinsen und antwortete: »Ja, das kann ich und danke Dir von Herzen für dieses Wissen, lieber Gabriel.«

Was soll ich hier tun? – Der Auftrag

Warum inkarnieren die Erdenengel hier auf der Erde? Was ist ihr Auftrag? Was soll ich tun, um diesen Lebensauftrag nachzukommen? Das sind einige Fragen, die mir häufig von anderen Personen gestellt werden.

Wie Sie bereits erfahren haben, sind Erdenengel Engel, die in menschlicher Gestalt hier auf die Erde inkarnieren. Sie haben ihren Engelskörper bzw. ihr sogenanntes Engelskleid abgelegt und sind in einen menschlichen Körper inkarniert. Das ist auch der Grund, warum sie sich oft in ihrem Körper nicht wohlfühlen. Sie fühlen sich darin begrenzt. Sie sind hierhergekommen, um die Menschen zu lehren und zu heilen. Das ist ihre Berufung! Sie sind auf diesem Planeten, um die Erde und die Menschheit in die 5. Dimension zu geleiten. Kommen sie ihrem Auftrag nicht nach, dann geht es ihnen selbst meistens sehr schlecht. Weichen sie zu sehr von ihrer Lebensaufgabe ab, wird sich das Leid sogar verstärken. Begeben sie sich aber auf den richtigen Weg, wird sich ihr Leben schlagartig verbessern! Sowie sich diese Seelen ihrer Aufgabe und Identität bewusstwerden und sie dadurch beginnen, dementsprechend zu handeln, fängt ihr Leben an, sich wieder zu ordnen.

Die Erdenengel gehören zur Kategorie der Lichtseelen. Sie sind geborene Heiler und sind mit einer himmlischen Mission hier auf die Erde inkarniert. Sie tragen eigentlich zwei Identitäten in sich. Auf der einen Seite die irdische menschliche Identität und auf der anderen Seite die himmlische Engelsidentität. Sie sind darum zusätzlich mit einem Engels-DNA-Stang mit Gott verbunden und sind äußerst intuitiv und sensitiv. Hellsichtige Menschen können diese Verbindung sehen. Steht diese Verbindung nicht oder ist diese gar abgetrennt, dann führt das bei den Erdenengeln oft zu Frust- oder Depressionsemotionen. Sie sind dazu da, um anderen Menschen zu helfen und alles in ihnen ist darauf ausgerichtet, andere glücklich zu machen.

Was leider dazu führt, dass sie ihr eigenes Glück vielmals von anderen Personen abhängig machen. Denn wenn es den Personen gut geht, die ein Erdenengel liebt, dann geht es diesem Erdenengel auch gut. Sonst leidet er immer mit. Denn eine Abgrenzung ist ganz schwer für diese Lichtseelen. Dadurch geraten sie oft in eine Co-Abhängigkeit. Erdenengel neigen dazu, sich über längere Zeiträume in Situationen zu halten, die ihnen nicht guttun. Das können Jobs, aber auch Partnerschaften sein. Da sie immer nur helfen möchten, haben Sie das Gefühl, sie würden versagen, wenn sie der Herausforderung nicht gerecht werden. Denn ihr Lebensauftrag ist es, den Menschen etwas zu lehren. Sie stellen sich daher häufig als Spiegel für andere Personen zur Verfügung und opfern sich. Da sie aber vielen Menschen als himmlische Lehrer dienen sollen, ist es an der Zeit, diese Opferrolle loszulassen. Sie dürfen sich jetzt in ihrer vollen Kraft und Schönheit entfalten und in ihre Stärke kommen! Denn:

Erdenengel können Wunder vollbringen, auch in Menschengestalt!

Wenn die Erdenengel sich selbst als Wunder wahrnehmen, dann sind sie auch in der Lage, Wunder zu vollbringen. Sie müssen lernen, sich selbst als ein wundervolles göttliches Geschöpf zu sehen, denn jede Seele ist einzigartig.

Reife Erdenengel urteilen und verurteilen nicht, sondern sehen immer nur das Gute in anderen Personen. Erdenengel wollen anspruchslos nur ihr Engelslicht hinterlassen und dazu beitragen, dass es anderen Menschen besser geht. Sie sind so feinfühlig, dass sie den Schmerz des anderen fühlen können. Sie wünschen sich Frieden, Liebe und Geborgenheit.

Wenn es einem Erdenengel gut geht und er innerlich erfüllt ist, dann kann er aus den Vollen schöpfen und anderen auch Gutes mitgeben. Der innere Schatz eines Erdenengels ist seine Spiritualität. Wenn er diese entwickelt und entfaltet, wird seine innere Fülle erblühen. Und das genau ist sein Lebensauftrag:

Durch die Spiritualität wieder zur eigenen Kraft und Stärke finden,
um dann aus der Fülle den anderen Menschen helfen!

Das kann in sehr unterschiedlichen Bereichen sein z.B. als Heiler, als Coach, als Therapeut. Allerdings sollte er dabei seine Engelsenergie zum Einsatz bringen. Den ebendiese bringt ihn wieder auf den richtigen Weg. Durch den Einsatz der Engelsenergie bzw. das Wirken mit dieser Energie ziehen die Erdenengel alles an, was sie benötigen. Sie befinden sich dann wieder auf ihrem eigenen Lebensweg und bewegen sich in ihrem eigenen Lebensfluss.

Wenn Sie, als Erdenengel, immer noch im Außen suchen, dann sind Sie nicht in Ihrem Lebensfluss. Sie sind auf das Außen fixiert. Sie sind somit nicht in Ihrer Anziehungskraft. Ich möchte es nochmals deutlich erwähnen: Durch den Einsatz der Engelsenergie ziehen die Erdenengel alles an, was sie glücklich macht. Darum ist es sehr wichtig, dass die Erdenengel anfangen, ihre Spiritualität zu leben.

Die innere Fülle, die Sie dauerhaft glücklich macht, finden Sie in sich selbst.

Sie, als Erdenengel, können die Spiritualität auch im Stillen erst mal für sich selbst nutzen. Keiner verlangt, dass die Sie das gleich öffentlich kundtun müssen. Der ausschlaggebende Punkt ist, damit zu beginnen. Wie Sie das tun, ist nochmal eine andere Sache. Aber aktivieren Sie Ihre Engelsenergie! Mehr Informationen finden Sie im nächsten Kapitel.

Was macht mich aus?
– Fähigkeiten und Herausforderungen

Obwohl die Erdenengel sehr viel Wissen und Erfahrungen angesammelt haben, kämpfen sie mit gewissen Herausforderungen. Wenn ihnen etwas nicht gelingt, dann fühlen sie sich als Versager. Dieses Gefühl macht sie klein und ihr Selbstwert geht Stück für Stück verloren. Das ist tatsächlich jammerschade, da sie dadurch ihre Stärken und Fähigkeiten nicht mehr wahrnehmen. Wobei sie gerade davon jede Menge mitgebracht haben.

Die Gaben und Talente, welche die Erdenengel in ihrer Basisveranlagung mitbringen, führen dazu, dass sie ausgezeichnete Heiler, Therapeuten und Coaches sind. Sie erkennen Zusammenhänge sehr gut, da sie hinter die Fassade blicken können. Sie sind so stark in Ihrem Feingefühl, dass sie sofort spüren, wenn etwas nicht stimmt. Sie spüren jedes falsche Wort, welches in der Luft liegt. Wenn jemand nicht die Wahrheit spricht, dann erkennt das ein Erdenengel blitzschnell. Sie verfügen über einen inneren Sensor, der sich sofort meldet und »Achtung!« ruft. Denn Wahrheit und Ehrlichkeit gehören mit zu den zwei wichtigsten Grundeigenschaften von ihnen.

Als Kind hatte ich schon die Gabe, zu spüren, wie sich Worte und Energien aufbauen können. Ich selbst kenne diesen sogenannten Sensor sehr gut. Ich vernahm, wie bestimmte Worte Energien in Gang setzten, und nahm wahr, wie sich Streitenergien in ihrer Form aufbauten. Ich konnte es mit allen Sinnen spüren. Oft wusste ich schon am Morgen, wenn es am Abend Streit gab. Das war für mich als Kind sehr beängstigend und ich war maßlos überfordert. Es machte mir Angst. Doch es lehrte mich, Energien bewusst wahrzunehmen.

Sie kennen sicherlich die Redewendung: »Die Luft ist zum Schneiden!« Oder: »Es liegt ein Knistern in der Luft.« Solche Energien haben wahrscheinlich schon die meisten von Ihnen mal wahrgenommen.

Erdenengel haben viele Talente mit auf die Erde gebracht. Sie sind hellsichtig, feinfühlig, hellwissend, hellhörig. Je mehr die Erdenengel ins »Tun« kommen, umso stärker entwickeln sich ihre Fähigkeiten. Sie fragen sich jetzt vielleicht: »Was soll ich denn tun?« Und meine Antwort ist: Erlernen Sie ein Handwerkszeug! Bilden Sie sich weiter. Denn wie in jedem anderen Beruf benötigen Sie auch in diesem Bereich Wissen und Techniken zur Vorgehensweise. Sonst können Sie nicht effektiv arbeiten. Sie sollten lernen, Ihre Engelskraft richtig einzusetzen und anzuwenden. Ohne richtige Technik lässt sich nur bedingt arbeiten. In der täglichen Anwendung bilden sich Ihre spirituellen Fähigkeiten weiter. Auch hier gilt die Regel: Übung macht den Meister.

Hier setzt genau die von Erzengel Gabriel übermittelte Flügelarbeit (ErdenEngel-Coaching-Technik) an. Die korrekte Vorgehensweise und Anwendung der Coaching-Technik werden innerhalb unserer ErdenEngel-Coach-Ausbildung vermittelt.

Die Talente und Eigenschaften der Erdenengel sowie die Herausforderungen, mit denen sie zu kämpfen haben, möchte ich hier in Stichpunkten nochmals benennen:

Talente und Fähigkeiten:

- Sie haben große heilende Fähigkeiten.
- Sie verfügen über ein starkes Mitgefühl und Empathie.
- Ebenso ist ihre Feinfühligkeit sehr ausgeprägt.
- Sie spüren sofort, wenn etwas nicht stimmt und verfügen über einen inneren Sensor.

- Sie haben eine gute Wahrnehmung.
- Sie sind sehr hilfsbereit.
- Sie können sich sehr gut in andere Menschen und Situationen einfühlen.
- Sie blühen auf, wenn sie Gutes und Sinnvolles tun können.
- Freiheit, Gerechtigkeit und Fairness sind sehr wichtige Werte für die Erdenengel.

Herausforderungen:

- Sie opfern sich oft für andere Personen auf.
- Sie lassen sich leicht unterdrücken.
- Sie neigen dazu, sich selbst immer zurückzunehmen und stellen ihr eigenes Wohlergehen hinten an.
- Sie haben ein vermindertes Selbstwertgefühl und ein übersteigertes Helfersyndrom.
- Sie können schleicht »Nein« sagen und Grenzen aufzeigen.
- Sie haben das Gefühl, wenn sie nicht helfen können, dann versagen sie.
- Sie zweifeln an ihren eigenen Fähigkeiten und das macht sie angreifbar.
- Sie leiden stark mit anderen Personen mit und verwechseln Mitgefühl und Mitleid.

Früher habe ich mich oft hilflos Situationen ausgeliefert gefühlt. Heute tue ich das nicht mehr, da ich an jedem Problem arbeiten kann. Als ich mein Handwerkszeug erlernte, sind die Ängste und die Hilflosigkeit komplett verschwunden. Das ist ein sehr beruhigendes Gefühl. Ich durfte aber erst einmal lernen, was ich für Fähigkeiten habe und wie ich diese einsetzen kann.

Bin ich ein Erdenengel? – Der Erdenengel-Test

Nach den vielen Informationen, die ich zwischenzeitlich von Gabriel erhalten hatte, ging mir eine Frage nicht mehr aus dem Kopf: Wie kann ich denn nun die Erdenengel erkennen? Mein Kampfgeist war geweckt und ich hatte den Entschluss gefasst, Gabriel bestmöglich zu unterstützen. Ich war bereit, die Erdenengel an ihre Identität zu erinnern. Darum erhoffte ich mir, mehr Informationen von Gabriel zu erhalten.

Aber das war noch nicht alles. Eine weitere Frage beschäftigte mich: Bin ich etwa auch ein Erdenengel? Doch wie kann ich das herausfinden? Ich wollte es unbedingt wissen. Es ließ mir keine Ruhe mehr.

Sie können sich bestimmt vorstellen, was meine ersten beiden Fragen waren, als ich wieder mit Gabriel Kontakt aufnahm. So fragte ich Ihn: »Lieber Gabriel, wie kann ich denn die Erdenengel besser erkennen und bin ich auch ein Erdenengel?«

Gabriel: *»Schau, Sigrun, sie haben alle Eigenschaften, die sich durch ihr Leben ziehen wie ein roter Faden. Ich werde Dir die Eigenschaften benennen, dann wirst Du erkennen, wer ein Erdenengel ist. Lese Dir die Fragen durch und wenn Du die meisten Fragen dann mit ›Ja‹ beantworten kannst, dann bist Du ein Erdenengel.«*

»So einfach ist das, Gabriel?«, konterte ich. »Das ist kaum zu glauben.«

»Ja, so einfach ist es. Und genauso kannst Du es mit anderen Personen machen. Es ist ein Test, wo sich die Erdenengel in den Fragen wiederfinden.«

Nun war ich meiner Antwort so nah und ich war ziemlich aufgeregt. Endlich würde ich erfahren, ob ich ein Erdenengel bin. Ich nahm einen Stift und schrieb die Worte von Gabriel auf. Meine Nervosität stieg mit jedem Satz an, den mir Gabriel diktierte. Als ich die Zeilen aufschrieb und ich die Eigenschaften las, wusste ich sofort, dass auch ich ein Erdenengel bin. Mir fiel es wie Schuppen von den Augen. Endlich verstand ich, warum ich so bin, wie ich bin. So manches Mal hatte ich mich nämlich schon selbst angezweifelt. Seine Worte hatten mich so bewegt, dass ich erneut weinen musste. Ich fühlte, wie die Infos mein Herz berührten. Mein Körper reagierte und gab mir ein deutliches Signal. Ich hatte Gänsehaut am ganzen Körper. Es musste wahr sein.

Gleichzeitig meldete sich, wie so häufig, mein Verstand. Der sagte mir: »Das kann doch gar nicht sein. Du kannst kein Erdenengel sein, denn diese haben nicht so viel Negatives erlebt.« Mein persönliches Bild von einem Engel war natürlich ein vollkommen anderes. Das hatte mit meinem Leben absolut gar nichts gemeinsames. Engel waren für mich immer lichtvoll und heilig. Und so war mein Leben in der Vergangenheit überhaupt nicht. Wie sollte ich da ein Erdenengel sein? Unmöglich, ich war viel zu menschlich und ganz und gar nicht heilig. Mein Verstand spielte verrückt.

An diesem Beispiel können Sie gut erkennen, welche Macht unser Verstand hat. Mein Gefühl hatte mir mehrere Signale gegeben, die Resonanz war da. Dennoch hat sich augenblicklich der Verstand eingeschaltet und mich wieder zweifeln lassen. Genau das Gleiche erfahre ich im Übrigen von anderen Erdenengeln. Ihnen geht es genauso. Wenn ich ihnen sage, dass sie ein Erdenengel sind, dann reagieren die Personen meist sehr ähnlich, wie ich das tat. Genau aus diesem Grund habe ich erneut Rücksprache mit Gabriel gehalten.

Er erklärte mir ferner: *»Gerade die Erdenengel sind wundervolle Heiler und Lehrer, da sie sehr authentisch sind. Durch die vielen Erfahrungen, die sie gemacht haben, können sie sich gut in andere Menschen hineinversetzen. Da diese Erfahrungen aber nicht immer nur gut und schön waren, können die Erdenengel ihre wahre Identität nicht annehmen. Sie fühlen sich minderwertig und denken, sie würden sich etwas anmaßen.«*

Das erklärte so einiges. Mir ist nämlich aufgefallen, dass sich etliche Erdenengel für ihre Vergangenheit schämen. Sie denken, sie seien nicht mehr würdig, diesen Titel zu tragen bzw. ein Erdenengel zu sein. Dabei sind sie so gute und erfahrene Lehrer hier auf der Erde.

Gabriel fragte mich: *»Liebe Sigrun, wenn Du eine Ausbildung absolvierst, welches Wissen ist dann erst mal größer? Das erlernte oder das erfahrene Wissen?«*

»Natürlich das Erlernte, denn die Erfahrungen mache ich ja erst im Laufe der Zeit.«

»Was macht Dich zum Spezialisten?«

»Die Erfahrungen, die ich über die Jahre ansammele«, antwortete ich.

»Genau, jetzt weißt Du auch, warum die Erdenengel so viele Erfahrungen machen mussten und sogar manche von ihnen noch einige machen müssen. Das macht sie weise und dadurch entwickeln sie sich zum Spezialisten auf ihrem Gebiet.«

»So wunderbar«, sagte ich.

Und die Erdenengel machen sich klein, weil sie denken, sie haben versagt. Wie verdreht ist das denn eigentlich? Durch die vielen Erlebnisse und Erfahrungen eigenen sie sich alles an, was sie benötigen, um anderen Menschen zu helfen. Sie werden dadurch authentisch und verständnisvoll. So werden sie zum Profi auf ihrem Gebiet. Ich hielt inne und Gabriels Sichtweise ging mir noch einige Zeit durch den Kopf.

In den darauffolgenden Coachings und Ausbildungen konnte ich den roten Faden erkennen, auf den mich Gabriel hingewiesen hatte. Sie kämpften alle mit identischen Problemen. All die Punkte zeigten sich. Fast alle Erdenengel erkennen ihren eigenen Wert nicht, daher leiden sie an einem verminderten Selbstwertgefühl. Sie neigen dazu sich klein zu machen. Wenn jedoch die Zeit gekommen ist, dann erwachen die Erdenengel und erkennen ihre eigene Identität sowie ihren Wert.

Nachfolgend finden Sie den Erdenengel-Test, den ich von Gabriel bekam. Lesen Sie die Sätze in Ruhe und fühlen Sie in Ihr Herz. Spüren Sie, ob es etwas mit Ihnen macht. Ich bin mir sicher, dass auch Sie erkennen können, ob Sie ein Erdenengel sind.

Bin ich ein Erdenengel?

1. Suchen Sie nach einem tieferen Sinn im Leben? Sind Sie daher auf der Suche nach Ihrer wahren Berufung?
2. Können Sie Arbeiten nicht mehr verrichten, wenn Sie kein gutes Gefühl dazu haben? Geht es Ihnen dabei richtig schlecht, fühlen Sie sich kraftlos und ausgelaugt? Leiden Sie unter der aktuellen Situation?
3. Fühlen Sie sich von klein auf anders als Andere oder gar fehl am Platz, auch des Öfteren in der elterlichen Familie?
4. Haben Sie ein unglaublich großes Helfersyndrom und stellen sich deswegen häufig hinten an?

5. Neigen Sie dazu, sich für andere Menschen aufzuopfern?
6. Fühlen Sie sich in Ihrem Körper unwohl und begrenzt?
7. Sind Sie feinfühlig und fühlen sofort, wenn etwas nicht stimmt? Sind Sie sehr schwingungsempfindlich?
8. Haben Sie schon etliche Schicksalsschläge hinter sich oder führen noch einen Lebenskampf?
9. Alle Erdenengel haben einen unheimlich starken Glauben, der sie immer wieder weiterbringt. Hat auch Sie dieser Glaube durch schwere Lebenssituationen geführt und dazu gebracht, dass Sie nicht aufgeben?
10. Haben Sie einen Hang zum Perfektionismus? Sollte alles eine gewisse Ordnung haben, sonst fühlen Sie sich getrieben und unruhig?
11. Suchen Sie nach der Gottes-Liebe, die Sie so sehr vermissen und bei den Menschen nicht finden?

Darum fühlen sich die Erdenengel oft allein und missverstanden. Sie können ihr Leben, wie sie es bisher gelebt haben, nicht mehr leben. Sie sind orientierungslos, was ihre Zukunft betrifft. Dies ist eine fast unerträgliche Situation für diese Personen. Gefühlt befinden sie sich in einem Stillstand, aber in Wirklichkeit befinden sie in einem Entpuppungs- und Wachstumsprozess. Genau dann ist aber der Zeitpunkt gekommen, an dem die Erdenengel lernen sollten, ihre Fähigkeiten und Talente wieder zu aktivieren. Sie sollten sich weiterbilden und lernen, mit ihrer eigenen Engelskraft zu arbeiten. Ein spiritueller Entwicklungsprozess steht an. Sie sollten ihre Engelsflügel wieder benutzen können.

Es gibt noch weitere Kennungsmerkmale. Sollten Sie unsicher sein, ob Sie ein Erdenengel sind, dann besteht auch die Möglichkeit, sich mit einem ErdenEngel-Coach in Verbindung zu setzen. Dieser kann das gerne für Sie abklären.

Häufig werde ich gefragt: »Sind denn alle Menschen auf der Erde auch Erdenengel?« Die Antwort, die ich Ihnen geben kann, ist: Nein! Denn es gibt Seelen aus unterschiedlichen Lichtlinien, wie uns Gabriel im ersten Kapitel schon kurz angedeutet hat. Doch dazu kommen wir später noch in Kapitel 3.

Kapitel 2 - Integrieren

Tipps für die Erdenengel – Praktische Übungen

Vorab möchte ich Ihnen noch ein paar grundlegende Dinge erklären: Wie Sie bereits erfahren haben, trägt ein Erdenengel zwei Identitätsanteile in sich. Die menschliche Identität sowie die Engelsidentität. Wenn ein Erdenengel das nicht weiß und erkennt, lebt er leider nur einen Anteil, nämlich den menschlichen. Das wiederrum führt dazu, dass er sich nie in seiner ganzheitlichen Kraft befindet. Eigentlich ist er nur mit halber Kraft unterwegs, denn der zweite Anteil, der Engelsanteil, ist nicht aktiviert und wird nicht gelebt. Infolgedessen sollten beide Identitäten, also beide Anteile miteinander verbunden werden. Nur so findet ein Erdenengel wieder in seine vollständige Kraft.

In dem Moment, in dem ein Erdenengel seine Flügel entfaltet, geht er automatisch in eine andere Anziehungskraft. Er begibt sich auf die Engelsebene und ebendiese ist um ein vielfaches lichter als die menschliche Ebene. Somit zieht er auch dementsprechend aus der Engelsebene Dinge in sein Leben. Verstehen Sie, wie ich das meine? Durch die Schwingungserhebung können viele negative Sachen gar nicht mehr bei ihm ankommen. Denn er zieht immer das an, was seiner Schwingung entspricht. Sollte ihm das nicht gefallen, was er bisher angezogen hat, dann muss er seine Schwingung erhöhen und verändern. Indem er die Flügel entfaltet, passiert genau das. Er verändert und erhöht seine eigene Schwingung! Folglich geht er in eine andere Magnetkraft über.

Im Anschluss finden Sie eine Meditation für die Erdenengel. Sie wurde mir von Gabriel übermittelt. Sie hilft Ihnen dabei, den Engelanteil zu aktivieren. Diese finden Sie auch als Audio-Datei kostenlos unter www.lichtseelen.de oder auf YouTube unter »Meditation für Erdenengel«.

Meditation für Erdenengel

Schließe Deine Augen und achte auf Deine Atmung. Atme ruhig und gleichmäßig. Alles ist in göttlicher Ordnung. Alle unruhigen und störenden Gedanken dürfen sich nun in Liebe von Dir verabschieden. Du lässt alles los, was Dich momentan belastet. Lenke Deinen Fokus nur auf Dich und Deinen Körper.

Nimm Deine Atmung nochmals bewusst wahr und atme tief ein und aus. Lass mit jedem Ausatmen alle Schwere los, die sich in Deinem Herzen abgelagert hat. Stelle Dir vor, wie sich Dein Herz langsam öffnet und alle negativen Emotionen herausfließen. Alle schlechten Gefühle dürfen nun Dein Herz verlassen. Lasse nun die Farbe Grün in Dein Herz einfließen und fühle, wie die Farbe Grün Dein ganzes Herz befüllt. Grün ist die Farbe des Herzchakras und alle Wunden und Verletzungen dürfen dadurch heilen. Leichtigkeit und Freude können einkehren.

Siehe nun vor Deinem geistigen Auge einen Kristall in Form eines Diamanten. Schaue ihn Dir bewusst an und erkenne den feinen und genauen Schliff des Diamanten. Erkenne, wie klar, rein und einzigartig dieser Diamant ist. Halte den Diamanten gedanklich vor das Sonnenlicht. Erst jetzt erkennst Du seine ganze Schönheit und all die Farben, die sich darin spiegeln, die vorher nicht sichtbar waren. Das Licht bringt seine ganze Schönheit zur Entfaltung und er spiegelt sich in den schönsten Regenbogenfarben.

Nun nimm Deinen Diamanten und gebe ihn in Dein Herz. Fühle, wie sich auch hier die Reinheit und Schönheit ausbreitet. Spüre, wie sich die Regenbogenfarben in Deinem Herzen verteilen. Fühle in Dich, was mit Deinem Körper und mit Deinem Herz passiert. Dann lasse die Regenbogenfarben weiter fließen und spüre, wie sich das Licht in alle Bereiche und Organe Deines Körpers verteilt. All Deine Zellen und Meridiane werden mit all den Farben aufgeladen, die sie benötigen. Alle Aura-Schichten und Chakren füllen sich mit den Regenbogenfarben auf. Die Farben durchfluten Dich und geben Dir Kraft.

Lenke den Fokus jetzt wieder auf Dich und nimm wahr, wie Du in Deiner Gesamtheit leuchtest – genau wie Dein Kristall. Wisse, wenn Licht auf Dich fällt, wird Dein innerer Kristall erneut aktiviert. Dabei leuchten all die Farben, Dein Körper, Deine Zellen sowie Meridiane, und Deine Organe, Deine Chakren und Aura-Schichten füllen sich ganz automatisch von allein wieder auf. Jedes Mal, wenn Licht auf Dich fällt, leuchtet Dein innerer Herzkristall und dadurch wirst auch Du in Deiner ganzen Schönheit leuchten.

Wisse, dass die Farben Deines inneren Kristalls Heilung für Dein gesamtes Chakren-System beinhalten. Sieh und erkenne die Einzigartigkeit, die Du in Deinem Herzen trägst. Genauso schön, wie Dein Herzkristall ist, genauso einzigartig und schön bist auch Du.

Fokussiere Dich erneut auf Dein Herz und spüre Deinen Herzschlag. Du fühlst, wie sich alles ruhig und harmonisch anfühlt. Du nimmst den Herzkristall mit allen Farben wahr und bist dankbar für die Schönheit, die Du in Dir trägst.

Nimm nun wieder bewusst Deine Atmung wahr und komme zur Ruhe. Atme nochmals tief ein und aus, freue Dich über Deinen Diamanten, der Dich immer auflädt und der in Dir Deine Einzigartigkeit zum Leuchten bringt.

Fühle wieder bewusst den Boden unter Dir und komme langsam zurück ins Hier und Jetzt. Bei eins bist Du wieder vollkommen im Hier und Jetzt angekommen und fühlst Dich wohl und geborgen. Drei ... Zwei ... Eins.

Tipps für den Alltag

Anbei möchte ich Ihnen ein paar hilfreiche Tipps geben, die Sie gut im Alltag anwenden können. Diese Tipps funktionieren nur bei den Erdenengeln. Bei den anderen Lichtwesen funktionieren sie nicht, da sie keine Flügel haben. Meistens fühlen oder sehen die Erdenengel sogar ihre eigenen Engelsflügel. Darum probieren Sie die Übungen kurzerhand mal aus.

Aktivierung der Engelskraft

Immer wenn Sie als Erdenengel Ihre imaginären Engelsflügel entfalten, dann befinden Sie sich augenblicklich in Ihrer Engelsenergie. Diese ist unerschöpflich und macht Sie stark. Im Gegenteil dazu ist Ihre menschliche Energie begrenzt. Sie werden irgendwann müde und müssen schlafen. Die Engelsenergie steht Ihnen grenzenlos zur Verfügung. Sie müssen sie nur nutzen. Darum entfalten Sie immer dann Ihre Flügel, wenn Sie energetisch arbeiten oder Energie benötigen. Wenn Sie Ihre Flügel wieder anlegen, dann sind Sie unverzüglich zurück in Ihrer menschlichen Energie.

1. Stellen Sie sich aufrecht hin, schließen Sie Ihre Augen und entfalten Sie Ihre imaginären Flügel. Nun fühlen Sie, was mit Ihrem Körper passiert.
2. Beginnen Sie mit Ihren Flügeln zu schwingen. Nun fühlen Sie wieder in sich und spüren, was mit Ihrem Körper geschieht.

Wenn Sie Ihre Flügel entfalten, dann sollte es Sie aufrichten. Wenn Sie anfangen zu schwingen, dann kann es passieren, dass Sie schwanken oder das Gefühl haben, Sie würden gleich abheben.

Benötigen Sie selbst Heilung?

Die Erdenengel können auch selbst von ihren eigenen Kräften profitieren. Die Flügel haben heilende Fähigkeiten, daher ist es gut, wenn Sie Ihre Flügel zur Selbstheilung einsetzen. Gerade wenn Sie körperliche Schmerzen haben, können Sie die Flügel einsetzen.

1. Umarmen Sie sich selbst mit Ihren imaginären Flügeln.
2. Halten Sie solange inne, bis es sich gut anfühlt oder bis ein Lächeln auf Ihrem Gesicht erscheint. Hierbei empfangen Sie selbst Ihre heilende Energie.
3. Bei Schmerzen: Legen Sie Ihre Flügel auf die Stelle, die Ihnen Probleme und Schmerzen bereitet.

Wenn Sie sich in Ihre Flügel einhüllen, dann entstehen Gefühle der Geborgenheit und Sicherheit. Zeitgleich erhalten Sie auch selbst Heilung. Ein guter Tipp ist es daher, sich selbst in Ihre Flügel einzuhüllen, wenn Sie schlafen gehen. Dann kann die Engelsenergie auch bei Ihnen wirken.

Benötigen Sie Schutz?

Sind Sie sehr feinfühlig und fühlen Sie sich unter größeren Menschenmengen nicht wohl? Oder sind Sie an einem Ort oder bei einer Veranstaltung, wo Sie sich unwohl fühlen? Haben Sie vielleicht das Gefühl, dass andere Energien übergriffig sind?

1. Dann entfalten Sie Ihre imaginären Flügel.
2. Jetzt umarmen Sie sich selbst mit Ihren Flügeln und hüllen sich darin ein. Stellen Sie sich vor, wie Ihre Flügel sich schützend um Sie legen. So schützen Ihre Flügel Sie vor negativen und übergriffigen Energien.

Hausreinigung
Häuser können Energien speichern. Haben sich z.B. die Vorbesitzer oder Vorbewohner viel gestritten, dann kann sich die Streitenergie in einem Haus oder einer Wohnung manifestieren. Sensible Menschen spüren das. Mit der folgenden Technik können Sie negative Energien aus Ihren Wohnräumen entfernen.

1. Stellen Sie sich gedanklich in einen Raum Ihrer Wohnung oder Ihres Hauses und entfalten Ihre Flügel.
2. Nun beginnen Sie, stark mit Ihren imaginären Flügeln zu schwingen.
3. Schwingen Sie so lange, bis es sich gut anfühlt und Sie gut durchatmen können oder bis wieder ein Lächeln auf Ihrem Gesicht erscheint.

Wichtige Entscheidungen
Sind Sie unsicher und tun Sie sich oft schwer bei Entscheidungen? Sie können Fehlentscheidungen und daraus resultierende Fehlwege vermeiden, indem Sie sich folgende Fragen stellen:

1. Ist das gut für mich als Erdenengel?
2. Passt das zu mir und meiner Energie als Erdenengel?
3. Entspricht das meinem Lebensweg?

Wichtige Gespräche

Wenn Sie wichtige Gespräche führen, dann entfalten Sie Ihre Engelsflügel. Ihr Gegenüber nimmt Sie unbewusst anders wahr. Ich höre es immer wieder, dass mir Kunden erzählen, dass sie sich viel selbstbewusster und selbstsicherer damit fühlen. Ihr Gesprächspartner verhält sich Ihnen gegenüber respektvoller. Ich bekomme unglaublich viele positive Rückmeldungen. Testen Sie es doch mal. Sie können dabei nichts verlieren. Im Gegenteil, Sie können nur dazugewinnen. Und das ist allemal einen Versuch wert.

Erdenengel im Business

Da die Erdenengel sehr harmoniebedürftige Seelen sind, benötigen sie in ihrer Arbeit eine friedvolle Umgebung. Wenn sie das nicht haben, dann leiden sie sehr unter dieser Situation. Sie brauchen Respekt und Wertschätzung. Wenn Sie das bekommen, dann sind sie die ehrlichsten und verlässlichsten Mitarbeiter, die man finden kann. Sie lieben die familiäre Atmosphäre in ihrem Job. In großen unpersönlichen Firmen fühlen sie sich häufig verloren. Ein gepflegtes Umfeld ist ihnen ebenfalls wichtig, damit sie sich wohlfühlen.

Ein Erdenengel kommt als himmlischer Bote im Auftrag des himmlischen Unternehmens auf die Erde, um seinen Lebensplan zu verwirklichen. Er ist für das »Himmlische Unternehmen« tätig. Im »Himmlischen Unternehmen« sind aber andere Werte wichtig, wie z.B. das Wohlergehen jedes einzelnen Menschen. Die Lichtseelen kommen auf die Erde, um eine neue Energie und neues Wissen auf die Erde zu bringen.

Gabriel hatte mir mal folgendes dazu erklärt:

Er fragte mich: *»Liebe Sigrun, stell Dir vor, Du würdest eine neue Filiale für Dein Geschäft eröffnen. Welche Mitarbeiter kämen dafür in Frage?«*

Meine Antwort war: »Natürlich diejenigen, die dafür qualifiziert und gut sind.«

Darauf Gabriel: *»Würdest Du gute und verlässliche Mitarbeiter für den Aufbau der neuen Filiale beauftragen?«*

Und ich: »Aber ja, natürlich!«

»Jetzt stell Dir vor, Du würdest eine Auslandsfiliale eröffnen? Welche Mitarbeiter würdest Du dorthin beauftragen?«

»Personen, mit noch mehr Wissen und Qualifikation. Mitarbeiter, welche die Sprache sprechen und die Gegebenheiten des Landes kennen.«

»Und nun frage ich Dich, welche Mitarbeiter würdest Du beauftragen, wenn Du eine außerirdische Filiale eröffnen würdest? «

»Die Besten der Besten«, konterte ich leise. Denn in mir dämmerte es, worauf Gabriel hinauswill.

»Siehst Du, jetzt kannst Du vielleicht verstehen, warum Gott seine besten Mitarbeiter hierher sendet. Denn die Erde ist vergleichsweise wie eine außerirdische Filiale. Dafür braucht es besondere Mitarbeiter mit großen Fähigkeiten, auf die Gott sich verlassen kann. Diese Filiale ist kurz vor dem Zusammenbruch und braucht qualifizierte Mitarbeiter, damit sie gerettet wird. Darum wird die Erde in ihrer Schwingung angehoben, damit die Seelen mit dem höheren Bewusstsein hierherkommen können, um die Seelen mit niedrigerem Bewusstsein zu lehren. Dazu gehören natürlich auch seine Engel, welche auf die Erde inkarnieren – als Erdenengel. Das entspricht dem göttlichen Plan, um die Erde zu retten. Sie haben all die Fähigkeiten und das Wissen, welches sie dafür brauchen. Sie kennen die Menschen und die Gegebenheiten, weil sie schon vielmals auf der Erde inkarniert sind.«

»Lieber Gabriel, wenn ich das richtig verstanden habe, dann sind die Erdenengel und alle Lichtseelen eigentlich Außerirdische auf der Erde?«

»Ja, liebe Sigrun.« Er schmunzelte und ließ mich mit meinen Gedanken allein.

Ich fand das sehr interessant und ich konnte es wirklich besser nachvollziehen. Es war in meinem Kopf nicht mehr so abstrakt, sondern verständlich. Langsam gingen die vielen Informationen wie Puzzleteile ineinander. Das war sehr erleichternd für meinen Verstand. Und ich kann immer besser verstehen, dass ein überdimensionaler göttlicher Plan hinter allem stecken muss, den ich bei weitem nicht realisieren kann.

Jetzt verstand ich auch, warum die Erdenengel und andere Lichtseelen im »Himmlischen Business« tätig sind. Sie sind von Gott beauftragt und helfen bei der Erfüllung des göttlichen Plans. Sie arbeiten für das »Göttliche Unternehmen« auf unserer Erde.

Die Erdenengel sind große Individualisten, daher funktioniert eine enge Zusammenarbeit mit anderen Personen auf Dauer nicht. Sie brauchen sehr viel Freiheit und Freiraum. Sie wollen sich entfalten, entwickeln und verwirklichen. Sie sind Pioniere, die neues Wissen auf die Erde bringen. Sich anzupassen und klein beizugeben, entspricht nicht ihrem Auftrag. Sie sollten unter allen Umständen auf ihr Herzgefühl hören. Das ist der einzige Weg, der funktioniert, um ihren Lebensauftrag zu erfüllen. Alles andere eskaliert. Eine Arbeit nur wegen Geld zu tun, ist zum Scheitern vorprogrammiert. Sie finden ihre Erfüllung nicht durch das Geld, dafür ist ihnen das Geld zu unwichtig. Viele Erdenengel suchen immer noch nach ihrer Erfüllung. Dafür müssen sie verstärkt auf ihre Gefühle achten. Diese leiten sie. Denn wenn ein Erdenengel Gutes tut und anderen Menschen helfen kann, dann fühlt er sich erfüllt. Sie finden die Erfüllung in ihrer Arbeit nur dann, wenn sie Freude daran haben. Denn wenn ihr Gefühl nicht stimmt, leiden sie ziemlich schnell unter dem, was sie tun. Wenn das der Fall ist, wird das monatliche Gehalt schnell zum Schmerzensgeld.

Befinden Sie sich selbst womöglich im Kampfmodus, dann führt das zu noch mehr Leid. Sie ziehen dann folglich noch mehr Situationen in Ihr Leben, die Ihnen nicht guttun. Das Leben gibt Ihnen Signale. Ist das der Fall, dann dürfen Sie erkennen, dass Sie in diesem Moment gegen Ihren Lebensfluss rudern. Der Kampf beginnt. Das macht Sie müde und träge. Das laugt Sie aus und kostet Sie unheimlich viel Kraft und Energie. Wenn Sie eine Arbeit verrichten, bei der Sie leiden, dann kann das auf keinen Fall der richtige Weg und schon gar nicht Ihre Berufung sein! Dann befinden Sie sich eindeutig auf dem falschen Weg.

Leiden Sie beständig in dem, was Sie tun, dann sollten Sie sich die Frage stellen: »Inwieweit, bin ich bereit diesen Preis weiterhin zu bezahlen?« Kostet Sie das dauerhaft zu viel Kraft, dann ist der Preis zu hoch! Auch wenn Sie kein Geld dafür bezahlen, es kostet Sie Energie und Gefühle. Darum sollten Sie nicht nur nach Ihrem Gehalt entscheiden, sondern auch die emotionalen und energetischen Unkosten mit in Betracht ziehen. Sie investieren zur Arbeitszeit dann zusätzlich eine Menge an Emotionen und Lebensenergie. Der Energieverbrauch wird irgendwann zu hoch und Sie verlieren die Freude daran. Daraus entstehen Frustgefühle, Aggressionen, Depressionen und Burnout.

Praxistipps fürs Business

Energetisierung von Produkten

Verkaufen Sie z.B. ein Produkt, dann sollte die Priorität nicht auf dem Produkt liegen, sondern auf die Weitergabe der Engelsenergie. Das Produkt ist ein Energieträger und somit nur Mittel zum Zweck, um die Energie zu verteilen. Die Erdenengel sollten ihre Engelsenergie in ihre Produkte und in ihre Arbeit mit einfließen lassen. So wird sich der dauerhafte Erfolg einstellen.

- Legen Sie Ihre Engelsflügel auf das Produkt und lassen Sie Ihre Engelsenergie einfließen. Lassen Sie so lange Ihre Flügel darauf liegen, bis sie von allein zurück gehen. Natürlich ist es wichtig, dass auch die Produkte, die Sie verkaufen, dem Wohle der Menschen dienlich sind.

Weitere Möglichkeiten

- Wenn Sie im Büro arbeiten, dann können Sie Ihre Engelsflügel auch auf Ihre Unterlagen auflegen und diese energetisieren.
- Gehen Sie in Ihre Engelsenergie und entfalten Sie Ihre Engelsflügel bei der Ausarbeitung von Konzepten. Dadurch sind Sie in einer anderen Ebene. Sie erhalten mehr Inspiration.
- Bei wichtigen Telefonaten können Sie parallel den Telefonhörer auch mit den imaginären Engelsflügeln abheben.

Durch die Weitergabe und Einbringung der Engelsenergie können sich plötzlich neue Wege eröffnen. Sie gehen dadurch in eine andere Anziehungskraft über.

Was bedeutet das nun für die Erdenengel?
Weichen Erdenengel zu weit von ihren Gefühlen ab, dann geht es ihnen schlecht. Haben sie zu viele anerzogene Verhaltensmuster bzw. tun Dinge, die ihnen kein gutes Gefühl machen, werden sie immer unzufriedener. Das funktioniert auf Dauer nicht, das macht sie krank. Aus diesem Grund machen heute etliche Firmen bei Vorstellungsgesprächen einen Persönlichkeitstest, damit die Talente einer Person zum richtigen Einsatz kommen. Wird das nicht gemacht, sind die Stellen oft fehlbesetzt. Die Motivation sowie der Erfolg werden dadurch begrenzt. Leider werden die Talente und Fähigkeiten einer Person heutzutage noch viel zu wenig beachtet. Würde das gezielter geschehen, dann wären viele Menschen glücklicher in dem, was sie tun. Sie wären motiviert und hätten Spaß an ihrer Arbeit.

Hierzu ein Auszug aus der WirtschaftsWoche – Die Gallup-Studie für das Jahr 2019 hat folgendes ergeben:

»Fast sechs Millionen Arbeitnehmer in Deutschland (16 Prozent) haben innerlich gekündigt, von denen sind 650.000 wechselbereit und aktiv auf Suche nach einem anderen Job. Nur 15 Prozent der Arbeitnehmer haben eine hohe emotionale Bindung an ihre Company und sind mit Hand und Herz dabei.

Der volkswirtschaftliche Schaden beträgt bis zu 122 Milliarden Euro jährlich, rechnet Gallup vor. Die meisten Arbeitnehmer (69 Prozent) verrichteten nur Dienst nach Vorschrift (25,59 Millionen), 16 Prozent der Arbeitnehmer sind emotional nicht mehr gebunden an ihre Unternehmen und haben bereits innerlich gekündigt (5,93 Millionen). 2,4 Millionen innerlich Gekündigte seien offen für einen neuen Job.« (Quelle: WirtschaftsWoche, 12. September 2019, Autor: Claudia Tödtmann)

Ist das nicht erschreckend, wie viele Menschen nur einen Job machen, um ihren Unterhalt zu verdienen? Sie gehen Tag für Tag in die Arbeit und leiden. Wie soll da noch dauerhaft etwas Gutes daraus entstehen? Unmöglich! Denn aus langandauerndem Leid entstehen meistens Krankheiten.

Wenn Erdenengel leiden, ist das fatal. Sie haben das Gefühl, sie versagen und in der Folge sinkt ihr Selbstwert in den Keller. Sie fühlen sich klein und schaffen es immer weniger, einen Jobwechsel vorzunehmen. Die Abwärtsspirale wird in Gang gesetzt. Auch wenn die Erdenengel Geld als nicht so wichtig empfinden, steht es trotzdem in enger Verbindung zum Selbstwert. Es gibt Ihnen das Gefühl der Sicherheit.

Erdenengel und die finanzielle Fülle

Warum leben viele Erdenengel eigentlich nicht in der finanziellen Fülle? Es sind doch immerhin inkarnierte Engel! Wenn die Erdenengel das nicht können, wer denn dann? Diese Fragen kreisten in meinem Kopf. Das passte für mich nicht zusammen. Denn in meiner Vorstellung sollten gerade die inkarnierten Engel reich und wohlhabend sein. Sie haben so viel auf sich genommen, um den Menschen zu helfen. Sie haben ihren Engelskörper niedergelegt und haben alles zurückgelassen, was ihnen wichtig war. Also wenn es jemand verdient hat, in Fülle und Wohlstand zu leben, dann sie. Doch dem war nicht so. Immer wieder durfte ich zusehen, wie viele Erdenengel mit dem Thema Geld zu kämpfen hatten.

»Ich möchte nicht reich sein, sondern nur sorglos leben können.« Das bekomme ich oftmals von den Erdenengeln zu hören. Dabei wäre es für sie doch so wichtig, damit sie ihrem himmlischen Auftrag nachkommen können, ohne sich mit solchen irdischen Problemen beschäftigen zu müssen. Es tut mir in der Seele weh, das zu hören. So gerne wollte ich den Erdenengel helfen. Doch wie? Ich hatte keine Ahnung. Also blieb nur Gabriel, der mir diese Frage beantworten konnte. Er hatte mir versprochen, dass ich Infos erhalten würde, wenn ich sie brauchte. Nun war es soweit, ich brauchte Infos. Ich rief Gabriel und fragte ihn:

»Lieber Gabriel, warum haben die Erdenengel eigentlich häufig Geldprobleme? Das ist doch nicht normal. Warum leben sie nicht in Fülle und Wohlstand? Gerade sie sollten sorgenfrei leben, um anderen helfen zu können.«

»Der Knackpunkt bei den Erdenengeln ist ihr Selbstwert«, erwiderte er. *»Sie stellen sich immer hinten an*

und sehen ihren eigenen Wert nicht mehr. Sie fühlen sich nicht wie Engel und viele von Ihnen haben bereits vergessen, wer sie sind. Außerdem haben die Erdenengel einen bestimmten Auftrag mit auf die Erde gebracht – ihre Bestimmung! Diese haben die meisten von ihnen bis dato noch nicht erfüllt, daher fühlen sie sich klein und tragen sogar Gefühle des Versagens in sich.

Das Wichtigste für die Erdenengel ist, ihr Selbstwertgefühl zu stärken! Sie haben durch die vielen Inkarnationen auf der Erde ihr Wissen vergessen. Doch wenn sie dieses wiedererhalten und erlernen, dann erhalten sie auch ihren inneren Reichtum zurück – nämlich ihr Engelswissen und ihre Engelsfähigkeiten! Und ihr wisst ja, der innere Reichtum spiegelt sich immer wider im Außen! Wenn sie also anfangen, sich selbst wieder mehr wertzuschätzen und zu lieben, dann wird sich auch das Bild im Außen stark verändern.«

Die Information von Gabriel war verständlich. Nun wusste ich, dass das Wichtigste für die Erdenengel in diesem Zusammenhang ist, Ihr Selbstwertgefühl zu stärken. Wenn sie endlich den Engel in sich erkennen und sich selbst wieder als wertvolles Wesen wahrnehmen, dann wird sich auch der finanzielle Bereich stärken. Das geschieht, indem sie ihren inneren Schatz – ihr Engelswissen und ihre Engelsfähigkeiten – wieder leben.

Es ist von elementarer Bedeutung, dass die Erdenengel ihre Bestimmung leben. Denn nur dann fühlen sie sich tatsächlich innerlich erfüllt. Sie haben dann Spaß an dem, was sie tun, und ihr Beruf wird damit zu ihrer Berufung. Das gibt ihnen das Gefühl des Gebrauchtwerdens und der Sinnhaftigkeit. Dann wird sich das finanzielle Wachstum von allein einstellen.

Aus diesen Erkenntnissen und den daraus resultierenden Erfahrungen, habe ich über die Jahre eine Vielzahl von Praxistipps entwickelt. Daraus entstand unter anderem auch eine spezielle Weiterbildung für die Erdenengel, welche das Thema »Reichtum und Fülle« gezielt behandelt. Nachfolgend habe ich einige Punkte daraus für Sie zusammengestellt.

Praxistipps
Stärkung des Selbstwertes – was können Sie tun?

- Reaktivieren Sie Ihr Engelswissens und setzen Sie Ihre Engelsfähigkeiten ein.
- Lernen Sie mit Ihren Engelsflügeln zu arbeiten.
- Sie sollten negative Prägungen zum Thema Selbstwert energetisch aufarbeiten.
- Lenken Sie den Fokus auf das, was Ihnen Spaß und Freude bereitet.
- Was sind Ihre Stärken? Was können Sie gut und was davon macht Ihnen Spaß?
- Achten Sie darauf, dass Sie positiv über sich selbst sprechen.
- Erkennen Sie Ihren Wert und Ihre Einzigartigkeit.
- Wertschätzen Sie sich selbst und seien Sie dankbar für das, was Sie bisher erreicht haben.
- Verurteilen Sie sich nicht selbst für Ihre Schwächen.
- Sprechen Sie gut über sich selbst.
- Verzeihen Sie sich Ihre Fehler.

Sprechen Sie wertvoll über das Geld und Ihre Finanzen
Wenn Sie finanziell erfolgreich sein möchten, dann ist es wichtig, dass Sie Geld nicht als negativ bewerten. Sie müssen es als etwas Wertvolles betrachten. Mit Geld ist es wie mit guten Freunden. Es kommt nur dann gerne zu

Ihnen, wenn Sie es wertschätzen und achten. Darum ist die Kommunikation über Geld ein wichtiger Faktor, der von vielen Menschen unterschätzt wird.

Es gibt zahlreiche umgangssprachliche Begriffe für Geld, die es abwerten, wie z.B. Mäuse, Knete, Moneten, Kohle, Zaster, Schotter, Moos. Wenn Sie jedoch erfolgreiche Menschen beobachten, dann werden Sie merken, dass diese derartige Begriffe meist selten verwenden. Sie wissen, dass die Sprache eine große Auswirkung auf ihr Leben hat. Denn alles, was Sie denken und sprechen, ziehen Sie an. Benutzen Sie Wörter, die das Geld abwerten, es als schmutzig oder unrein darstellen, dann wird Ihr Unterbewusstsein alles tun, um den Erwerb zu vermeiden. Damit verhindern Sie, dass Geld zu Ihnen kommt. Sie wehren es unbewusst ab. Darum frage ich Sie: »Haben Sie lieber Geld in der Tasche, Knete, Kohle oder gar Mäuse?«

Sprechen Sie wertschätzend über Geld und seien Sie dankbar, wenn es zu Ihnen kommt. Denn die Dankbarkeit und Wertschätzung vermehrt alles!

Arbeiten mit dem inneren Geldsack

Mit dem inneren Geldsack zu arbeiten, ist für mich ein sehr wertvoller und hilfreicher Tipp. Die Energie folgt Ihrer Aufmerksamkeit. Darum haben Sie die Macht, Dinge zu verändern, indem Sie handeln. Ob sie das gedanklich oder praktisch tun, spielt keine Rolle. Ja, Sie haben die Macht!

Die vielen Rückmeldungen der Erdenengel zeigen, dass es funktioniert. Geben Sie dem ganzen Prozess aber mal ein paar Wochen Zeit, denn die Energie muss sich erst mal verändern und manifestieren. Darum sind vier bis sechs Wochen ein ganz normaler Zeitraum. Auch dieser Tipp ist ein himmlisches Hilfsmittel, welcher mir von einem anderen Engel, nämlich Engel Methusalem, in einem Channeling vermittelt wurde. Engel Methusalem ist der Hüter des göttlichen Schatzes.

1. Stellen Sie sich bitte einen Tresor vor Ihrem geistigen Auge vor. Dieser besitzt einen Handscanner und er öffnet sich ausschließlich durch Ihre Hand. Greifen Sie nach dem Handgriff und öffnen Sie den besagten inneren Tresor. Im Innenraum des Tresors befindet sich ein Geldsack, der sich automatisch immer wieder befüllt, wenn Sie Geld herausnehmen. Ganz egal, wieviel Sie entnehmen, er füllt sich jedes Mal aufs Neue auf.
2. Nun entnehmen Sie Geld und stecken gedanklich Scheine in Ihre Geldbörse. Bezahlen Sie in Ihrer Vorstellung alle offenen Rechnungen und zahlen Sie Geld auf Ihrem Konto ein. Entnehmen Sie gedanklich noch mehr Geld und verschenken welches z.B. an Ihre Kinder, Freunde oder Kunden. Achten Sie dabei bitte auf Ihre Gefühle. Tun Sie es mit einem guten Gefühl und mit Freude.
3. Danach stellen Sie den Geldsack wieder in Ihren imaginären Tresor und schließen ihn wieder, mit dem Bewusstsein, dass er sich wieder füllt.
4. Jetzt bedanken Sie sich beim Universum und bei den Engeln für das viele Geld.

Diese Übung sollten Sie regelmäßig ausführen. Der innere Geldsack steht symbolisch für Ihren inneren Reichtum. Ist es nicht ein großartiges Gefühl, einen inneren Geldsack zu besitzen, der sich immer wieder von allein füllt? Ist das nicht ein wahrer Schatz? Beobachten Sie mal, wie sich Ihre Gefühle verändern. Am Anfang sind Sie vielleicht noch etwas zögerlich beim Entnehmen des Geldes aus Ihrem imaginären Geldsack. Aber nach ein paar Tagen geht das immer besser. Sie werden sehen, dass sich die Gefühle zum Geld verändern. Und Sie werden sehen, dass sich auch im Außen in Ihren Finanzen etwas verändert. Ich bin selbst immer wieder erstaunt, wie es funktioniert, wenn ich es mache. Darum wünsche ich Ihnen viel Spaß beim Ausprobieren.

Erdenengel in der Partnerschaft

Dieses Thema ist wichtiger, als Sie denken. Beziehungen, egal ob sie privat oder geschäftlich sind, geben unserem Leben einen tieferen Sinn. Sie machen unser Leben lebenswerter. Die private Partnerschaft wird von vielen Menschen unterschätzt. Dabei ist sie das sichere Fundament, worauf sich alles Weitere erbauen lässt. Vorausgesetzt, die Partnerschaft ist auf Liebe und Wertschätzung gegründet. Führen wir eine liebevolle Partnerschaft, sind wir emotional glücklich. Und wenn wir ehrlich zu uns sind, dann wollen wir das doch alle.

In einem Gespräch mit Gabriel erklärte er mir folgende Zusammenhänge: *»Die Partnerschaft bildet euer sicheres Fundament. Sie sollte eure private Tankstelle sein, bei der ihr emotional auftankt und gestärkt nach draußen geht. Denn die Liebe macht euch stark, sie gibt euch das Gefühl, nicht allein zu sein.*

Der Wohnort symbolisiert das Erdgeschoss eines Hauses. Die Partnerschaft und der Wohnort sind beides Bereiche, die für euer privates Wohlbefinden sorgen. Fühlt ihr euch wohl, dort, wo ihr wohnt, dann kommt ihr auch gerne nach Hause. Führt ihr eine glückliche Partnerschaft, dann freut ihr euch darauf, euren Partner bzw. eure Partnerin zu sehen. Ist das nicht der Fall, dann ist das sehr kräftezehrend für euch.

Wenn die beiden Bereiche passen und ihr glücklich seid, dann habt ihr ein stabiles Fundament geschaffen. Ihr könnt dann beruflich darauf aufbauen, ohne dass euer Lebenshaus zusammenbricht.«

Gabriel hat mir folgende Grafik übermittelt:

Priorität 3/Obergeschoss

Priorität 2/Erdgeschoss

Priorität 1/Fundament

Viele Menschen verdrehen die Prioritäten. Für sie steht der Beruf an erster Stelle. Sie denken, wenn sie finanziell reich sind, dann geht es ihnen gut. Ich kenne aber viele Menschen, die sind finanziell sehr wohlhabend, aber gleichzeitig furchtbar einsam. Sie würden ihr ganzes Geld für eine glückliche Partnerschaft geben. Geld führt häufig zu einer kurzfristigen Befriedigung der Wünsche. Eine glückliche Partnerschaft können wir uns nicht erkaufen. Sie entsteht durch Gefühle.

Bitte verstehen Sie mich jetzt nicht falsch. Das soll nicht heißen, dass finanzieller Reichtum schlecht ist. Im Gegenteil. Das Geld gibt uns Sicherheit und sorgt dafür, dass es uns gut geht. Die innere Fülle bekommen wir Menschen durch die Gefühle. Diese machen uns dauerhaft reich – reich an Emotionen. Und dafür sorgt eine glückliche Partnerschaft.

Gerade die Erdenengel brauchen sehr viel Liebe. Ein Erdenengel ohne Liebe ist wie eine Blume ohne Wasser. Sie verkümmert auf Dauer. Bekommt ein Erdenengel aber ehrliche Herzensliebe, dann wird sein Leben in voller Blüte erblühen.

Darum ist die Liebe das sichere Fundament, gerade für die Erdenengel. Hat ein Haus ein stabiles Fundament, dann lassen sich darauf viele andere Stockwerke erbauen. Ist das Fundament aber nicht stabil, dann fangen alle anderen darauf erbauten Stockwerke an zu wanken.

Mir fiel auf, dass Erdenengel sehr oft Partnerschaftsprobleme haben. Dabei sind sie doch so sanftmütige Wesen. Alle von ihnen sehnen sich sehr nach einer liebevollen Partnerschaft und dennoch kämpfen viele von ihnen mit diesem Thema. Mir war nicht klar, an was das noch liegen konnte. Doch Gabriel erklärte mir, dass es unter anderem ein Lernprozess für die Erdenengel ist, sich wieder auf Beziehungen einzulassen.

Die Ursache hierfür liegt darin, dass sich viele Erdenengel von Gott getrennt fühlen. Sie sind hierhergekommen und haben durch die Inkarnation ihren himmlischen Auftrag vergessen. Deswegen fühlen sie sich »strafversetzt« auf der Erde. Sie haben dadurch oftmals unbewusste Schuldgefühle und denken, sie seien von Gott getrennt und sind es nicht mehr wert, von ihm geliebt zu werden. Dadurch fühlen sie sich oftmals sehr einsam. Erst wenn die Verbindung zu Gott wiederhergestellt ist, sind sie im Stande, eine dauerhafte Beziehung einzugehen. Denn mit Gott beginnt alles! Und wenn sie die Gottesliebe wieder annehmen können und dieses Gefühl der Trennung aufgelöst ist, dann sind die Erdenengel auch im Stande, eine glückliche und erfüllende Partnerschaft auf der Erde mit einer anderen Person einzugehen.

Darum ist es sehr wichtig, diese Verbindung auf energetischer Ebene zu Gott wiederherzustellen, da sich dann der besagte DNA-Strang erbaut, welcher die Erdenengel mit Gott verbindet. Dieser zieht sich vom Scheitel des Kopfes hoch ins Universum und mündet bei Gott. Hier findet ein Energieaustausch zwischen der göttlichen Energie und der Engelsenergie statt. Ich kann immer wieder beobachten, dass in einem Strang Energie nach oben- und im anderen Strang Energie runterfließt. Daraus resultiert unter anderem ihre große Feinfühligkeit und ihr Mitgefühl.

Erdenengel wollen andere glücklich machen. Leider machen sie ihr Glück zu sehr von anderen Personen abhängig, da sie nicht gerne allein sind. Aus Rücksicht nehmen sie sich selbst zurück und schweigen lieber, um dem lieben Frieden willen. Konflikte und Streit sind sehr kräftezehrend für die Erdenengel, da sie sich Frieden und Liebe wünschen. Das macht die Erdenengel wiederrum angreifbar, da sie immer nur das Gute im anderen sehen. Sie müssen lernen, Nein zu sagen und Grenzen zu setzen. Denn wenn sie immer nur geben, raubt ihnen das ihre wertvolle Energie und unendlich viel Kraft. Sie laufen dann Gefahr, sich erneut für andere Menschen zu opfern.

Erhalten sie Wertschätzung, kann man alles von ihnen haben. Sie urteilen und verurteilen nicht. Sie sehen oft viel zu lange das Gute in anderen Personen, auch wenn diese nicht gut mit ihnen umgehen. Sie reflektieren sich und hinterfragen, was sie daraus lernen sollen. Sie sind die mitfühlendsten und sanftmütigsten Personen, wenn man liebevoll mit ihnen umgeht. Da Erdenengel nie jemandem weh tun möchten, haben sie häufig Angst, die Wahrheit zu sprechen. Daraus können Krankheiten sowie Gewichtszunahme entstehen. Immer wieder schweigen sie lieber und bauen einen Schutzmechanismus um sich auf. Sie legen sich regelrecht eine dickere Haut, einer Schutzhaut gleich, zu. Es ist eine große Herausforderung für die Erdenengel, die Wahrheit zu sprechen, ohne jemanden zu verletzen. Denn wenn sie das tun, machen sie sich Vorwürfe. Selbst wenn sie im Recht sind, hinterfragen sie kurze Zeit später, ob das richtig war und ob sie nicht zu forsch vorgegangen sind. In der Folge fühlen sie sich wieder klein.

Weichen sie hier zu weit von ihrer Basis ab bzw. leben sie mit Partnern, die nicht ihrer Lichtlinie entsprechen, sind sie auf Dauer nicht glücklich. Darum wäre es gut, wenn ein Erdenengel einen Erdenengel als Partner hätte. Gabriel erklärte mir, ist das nicht der Fall, dann ist der Unterschied zu groß. Dann gibt es oft Verständnisprobleme und Schwierigkeiten. Der Unterschied in der Grundveranlagung macht sich bemerkbar. Daher funktionieren Partnerschaften gut mit anderen Seelen, die der gleichen Lichtlinie entspringen.

Mehr Infos zu den Lichtlinien und welche Seelen zu welcher Lichtlinie gehören, erfahren Sie im nächsten Kapitel.

Kapitel 3 – Verstehen

Hintergründe verstehen: Atlantisches Wissen

Mir ist es sehr wichtig, dass Sie verstehen, warum ich dieses Buch schreibe. Ich möchte mein Wissen über die größeren Zusammenhänge mit den Engeln mit Ihnen teilen. Dieses Wissen hat mir selbst und vielen meiner Erdenengel-Kunden geholfen. Sie wurden selbstsicherer und selbstbewusster. Für mich war es faszinierend, was da passierte. Die vielen Bestätigungen, die ich immer wieder bekam, machten mir Mut, auf diesem Weg weiterzugehen. Ich bin der Meinung, dieses Wissen ist einfach zu wichtig, um es im Verborgenen zu halten. Laut Erzengel Gabriel sind es Informationen, die sehr viel altes Atlantisches Wissen beinhalten. Er bat mich, all das, was er mir mitteilte, an die Menschen weiterzugeben. Und wie Sie inzwischen wissen, kann ich seine Wünsche einfach nicht abschlagen. Genau deswegen ist dieses Wissen inzwischen ein Teil der ErdenEngel-Coach-Ausbildung. Wenn ich die besagten Informationen weitergebe, dann bestätigen mir die Kursteilnehmer, wie hilfreich diese Informationen in der Coachingarbeit sind. Aber auch in dem Selbstfindungsprozess, in dem viele Menschen sich derzeit befinden. Für mich persönlich ist das Kennenlernen des Atlantischen Wissens eine Persönlichkeitsfindung gewesen.

Gabriel erzählte mir eines Tages:

»Liebe Sigrun, ich muss mich jetzt wiederholen. Es gibt unterschiedliche Lichtlinien. Du kannst das mit der Blutslinie einer Familie vergleichen. Es gibt auch Familien in

der himmlischen Welt, sogenannte Seelenfamilien. Nur entspringen die Seelen dieser himmlischen Familien nicht den Blutslinien, wie bei euch Menschen, sondern den Lichtlinien, da es Lichtseelen sind. Die Seelen dieser sogenannten Lichtlinien sind Seelen mit einem höheren Bewusstsein und einem himmlischen Auftrag. Wie Du bereits weißt, kommen viele dieser sogenannten Lichtseelen auf die Erde, um die Menschen zu lehren. Du musst wissen, dass viele junge Seelen hier auf der Erde sind, um zu lernen, z.B. das Erschaffen aus der eigenen Kraft, die menschlichen Emotionen und Gefühle sowie das Materialisieren und Manifestieren. Die jungen Seelen laufen aber Gefahr, die Erde zu vernichten. Dafür benötigt es reife Lehrer-Seelen mit einem höheren Bewusstsein.

Etliche dieser reifen Seelen sind bereits auf der Erde und eine Vielzahl von ihnen wird noch auf die Erde kommen. Sie sind da, um den Menschen ein neues Bewusstsein zu vermitteln, sie helfen, die Menschen in die 5. Dimension zu führen. In den letzten Jahren sind schon jede Menge Lichtseelen erwacht, die bereits auf unterschiedlichen Ebenen wirken und einen großen Beitrag leisten. Das ist wundervoll. Sie wirken in der Stille und haben schon große Weichen gestellt. Jedoch kann der Sprung in die 5. Dimension nur über das geistige Bewusstsein stattfinden, darum werden in großem Umfang spirituelle Lehrer benötigt. Das ist auch der Grund, weshalb in den letzten Jahren die Anzahl der spirituellen Coaches, Lehrer und Heiler stetig zugenommen hat. Sie sind hier, um das göttliche Wissen und die Wahrheit zu vermitteln. Denn wer den Quantensprung vollziehen möchte, muss sein altes Wissen verlassen und das neue Wissen annehmen. Die Lichtseelen müssen erwachen und ihre wahre Identität finden, damit sie ihren Seelenplan hier auf der Erde erfüllen können. Denn aus diesem Grund kommen sie hierher.

Jetzt ist die Zeit gekommen, in der das Erwachen der Lichtseelen in eine größere Masse geht. Die Veränderungen betreffen das Wohlergehen der gesamten Welt. Ziel ist es, den Übergang in die 5. Dimension zu gestalten. Dort gibt es nur Frieden und ein respektvolles Miteinander. Darum ist dieses neue Wissen so wichtig, damit Du, Sigrun, sowie die Lichtseelen, die mit einem höheren Bewusstsein hier auf der Erde wirken, bewusst und bedacht handeln können. Ihr Lichtseelen seid hier, um den jungen Seelen neues Wissen zu vermitteln und zu lehren. Die Wichtigkeit des bewussten Handelns tritt umso stärker in den Vordergrund, da die Auswirkungen sich in dieser Übergangsphase schneller und stärker zeigen. Die jungen Seelen werden dadurch immer mehr in ihre Eigenverantwortung genommen. Die reifen Seelen dürfen es ihnen vorleben. Sie treten in eine Vorbildfunktion.

Nun bitte ich Dich, Sigrun, fühle in Dein Herz, wenn ich Dir jetzt neues Wissen vermittle. Du wirst spüren, dass es der göttlichen Wahrheit entspricht. Es ist eine Chance für die gesamte Menschheit, zu wachsen, zu heilen und Euren Planten zu retten. Darum erkläre ich Dir jetzt mehr zu den himmlischen Lichtlinien und deren Lichtseelen:

Jeder dieser Lichtseelen hat bestimmte Eigenschaften, Stärken aber auch Schwächen. Die Seelen, die sich in einen menschlichen Körper inkarnieren, kämpfen häufig mit unterschiedlichen Problemen. Du musst Dir vorstellen, der Körper ist ihnen fremd, der Planet, auf dem sie sich befinden, ebenfalls. Manche von ihnen sind zum ersten Mal hier und andere, die schon oft auf der Erde waren, sind so vermenschlicht, dass sie gar nicht mehr wissen, wer sie sind und wo sie herkommen. Dabei müssen sie lernen, sich den Gegebenheiten und Umständen anzupassen. Da die Lichtseelen anders sind als alle anderen, benötigen sie Hilfe und Hilfsmittel, damit sie sich selbst besser zurechtfinden. Erst wenn sie das tun, dann können sie anderen helfen.«

Mir wurde jetzt einiges klar. Was für eine Erkenntnis! Ich selbst habe mich schon mein ganzes Leben gefragt, warum ich mich so anders fühle. Meine Feinfühligkeit hat schon als Kind dazu geführt, dass ich ohnmächtig wurde, wenn ich mich in Menschenmengen aufhielt. Diese Unmenge an Energien, das war einfach zu viel für mich. Ich spürte jedes unpassende Wort, das ausgesprochen wurde und in der Luft lag. Meine Ohren fingen an zu rauschen, mir wurde heiß, dann wurde ich ohnmächtig. Irgendetwas stimmte mit mir doch nicht! Das dachte ich selbst und alle anderen. Meine Mutter sagte oft zu mir: »Kind, was hast du denn schon wieder?« Das habe auch ich mich allzu oft gefragt in meinem Leben. Meine Eltern waren damit schlichtweg überfordert. Mein Körper hat schon immer anders reagiert als bei anderen Personen. Schon als Kleinkind hatte ich das Gefühl, dass ich nicht hierhergehöre. Weder auf die Erde noch in diese Familie. Alles war mir fremd und ich stand unzählige Male in meinem Kinderzimmer am Fenster und blickte in den Sternenhimmel. Mit einer Sehnsucht in mir, die ich mir damals nicht erklären konnte. Am liebsten hätte ich mich in den Himmel hinauf gebeamt. Die Sterne und die Wolken hatten eine magische Anziehungskraft für mich, was bis heute angehalten hat.

Wie oft hatte ich versucht, meinem Körper etwas Gutes zu tun. Menschen in meinem Umfeld nahmen Nahrungsergänzungsmittel, Medikamente, Schüssler Salze etc. Bei mir war das jedes Mal ein Problem und ich konnte nichts davon zu mir nehmen. Wütend und enttäuscht zugleich, konnte ich lange nicht verstehen, warum ich auf alle möglichen Sachen so unerklärlich reagierte. Sei es z. B.

mit Unverträglichkeiten, Übelkeit, Kopfschmerzen, Hautausschläge. Die Nebenwirkungen waren zu heftig. Das ging so weit, dass ich schon beim ärztlichen Notdienst landete, da ich nicht mehr ansprechbar war. Zeitweise war ich darüber wirklich verzweifelt. Warum wirkt bei mir das nicht, was anderen Personen hilft? Was geht da vor sich? Allzu oft trug ich diese Gedanken in mir. Nachdem ich aber die bisherigen sowie die nachfolgenden Informationen bekam, verstand ich endlich, warum mein Körper so reagiert. Schlussendlich wusste ich, warum ich sogenanntes »Gutes« nicht einnehmen oder essen konnte. Ich bin eben auch eine Lichtseele und auf der Erde inkarniert. Deshalb war ich nicht gewöhnt an die vielen irdischen Dinge.

Zwischenzeitlich habe ich auch von meinen Kunden mitbekommen, dass es nicht nur mir so geht. Vielleicht geht es Ihnen auch so? Kommt Ihnen das bekannt vor? Dann sollten Sie sich fragen, ob Sie auch eine Lichtseele hier auf der Erde sind.

Zugehörigkeiten verstehen: Kennungsmerkmale und Lichtlinien

Gabriel: *»Lichtseelen sind hierhergekommen, um die Menschen zu lehren und ihnen zu helfen. Sie sind da, um den Veränderungsprozess zu unterstützen und die Menschen in dieser Zeit der Veränderung zu begleiten. All diese Lichtseelen unterscheiden sich von den bisherigen Normen. Das ist nicht immer einfach, da sie ganz besondere Gaben und Talente haben. Sie reiben sich daher immer und immer wieder an menschlichen und irdischen Regeln auf. Sie sind feinfühlig, hellsichtig, hellhörig, hellwissend, hochsensibel, sie haben außergewöhnliche Fähigkeiten. Nicht selten stoßen sie oft bei anderen Generationen auf Unverständnis. Doch das genau verursacht noch mehr Probleme, da sie sehr viel Liebe und Wertschätzung benötigen, damit es ihnen gut geht. Bekommen sie diese Liebe oder Wertschätzung nicht, dann leiden sie noch mehr. Sie haben nämlich alle eines gemeinsam: Sie suchen nach der bedingungslosen Liebe von Gott.*

Diese Lichtseelen sind sehr große Individualisten. Sie fallen darum aus jeder Norm. Jetzt sind viele von ihnen am Erwachen, da sie ihren inneren Ruf durch die andauernde Schwingungserhöhung der Erde seit dem 21.12.2012 nicht mehr unterdrücken können. Dieser wird so stark, dass bisherige Wege oder Verhaltensmuster unmöglich werden. Ihre Gefühle und Emotionen lassen das nicht mehr zu, denn faule Kompromisse funktionieren nicht mehr. Die Lichtseelen haben einen wichtigen Auftrag. Viele dieser Lichtseelen dürfen sich erst mal selbst finden und kennenlernen. Sie haben in der Vergangenheit eine andere Identität gelebt. Sie sind in einem menschlichen Körper inkarniert und fühlen sich darin oft fremd und unwohl. Je besser sie sich kennenlernen und je mehr Verständnis sie für ihr anders Sein erhalten, umso stärker und stabiler werden sie. Sie verurteilen ihre Schwächen nicht mehr, sondern lernen immer mehr ihre Stärken kennen. Das bewirkt, dass sie sich ihrer Kräfte und Talente bewusster werden. Wenn das passiert, dann begeben sich die Lichtseelen auf ihren Weg. Sie beginnen sich an ihren Seelenauftrag zu erinnern.

In der Folge führt das dazu, dass das bisherige Leben mit dem neuen Bewusstsein nicht mehr in Einklang mit dem alten Leben geht. Der Veränderungsprozess beginnt. Sie suchen neue Wege und werden dabei an ihre spirituellen Fähigkeiten erinnert. Schieben sie diese allerdings weg, dann ist das nicht gut, da sie sich ihrem Auftrag widersetzen. Gehen sie aber diesen spirituellen Weg und helfen sie anderen Personen, dann wird sich ihr Leben zum Positiven verändern.

Allerdings haben diese Lichtseelen sehr viel karmische Lasten aufgebaut. Darum ist zu beachten, dass der alte Müllberg, also die faulen Kompromisse, negative Situationen und ähnliches, zuerst mal abgearbeitet werden muss, den sich diese Seelen in der Vergangenheit aufgebaut haben. Das ist nicht immer einfach, denn das führt zu Aufräumarbeiten. Es finden Korrekturen statt, die sehr viel Kraft kosten. Sie müssen sich von den Altlasten der Vergangenheit entledigen. Diese haben sehr viel Gewicht und das fordert einen erhöhten Kraftaufwand. Sind allerdings diese Altlasten entfernt, dann ordnet sich das Leben und der Lebensweg wieder neu. Das Außen wird sich dem neuen Bewusstsein automatisch wieder anpassen.

Sind sie an diesem Punkt dann irgendwann angekommen, zeigt das Umfeld bedauerlicherweise nur wenig

Verständnis. Dabei würden sie gerade jetzt Verständnis und Liebe benötigen, damit sie diesen Erwachensprozess unbeschadet und leichter überstehen können. Das würde den Wandlungsprozess unterstützen. Wenn ihr lernt, diese Seelen besser zu verstehen, wer sie sind und welche Fähigkeiten sie haben, dann könnt ihr ihnen umso leichter helfen und beistehen.

Liebe Sigrun, ich möchte Dir deshalb Hilfsmittel für die Seelen der Lichtlinien mitteilen. Damit Du erkennen kannst, welche Seelen welcher Lichtlinie entspringen. All diese Seelen mit höherem Bewusstsein haben Kennungsmerkmale.

Du solltest fragen: ***Welches Kennungsmerkmal trägt die Person in ihrem Herzen? Ist sie in ihrer Basis ein ...?*** *Dann weißt Du, welcher Lichtlinie die Seele entstammt.«*

Die folgende Grafik (S. 85) zeigt, wie Gabriel mir die Einteilung der Lichtlinien und Kennungsmerkmale erklärt hat.

Die unterschiedlichen Lichtlinien

Im nächsten Abschnitt möchte ich auf die unterschiedlichen Lichtlinien genauer eingehen. Gabriel erklärte mir, dass keine Lichtlinie besser oder schlechter ist. Es sind alle gleichwertig. Jede Lichtlinie hat ihre Daseinsberechtigung, damit die Seelen ihren Seelenplan vollziehen können. Denn eine jede Seele hat die passenden Gaben und Talente erhalten, damit sie ihren Auftrag hier auf der Erde erfüllen kann. Und wenn die Lichtseelen alle ihren Seelenauftrag leben, dann fügen sich alle Lichtlinien wie Puzzleteile zusammen. Auf diese Weise realisiert sich der »Göttliche Plan«.

Kennungsmerkmale

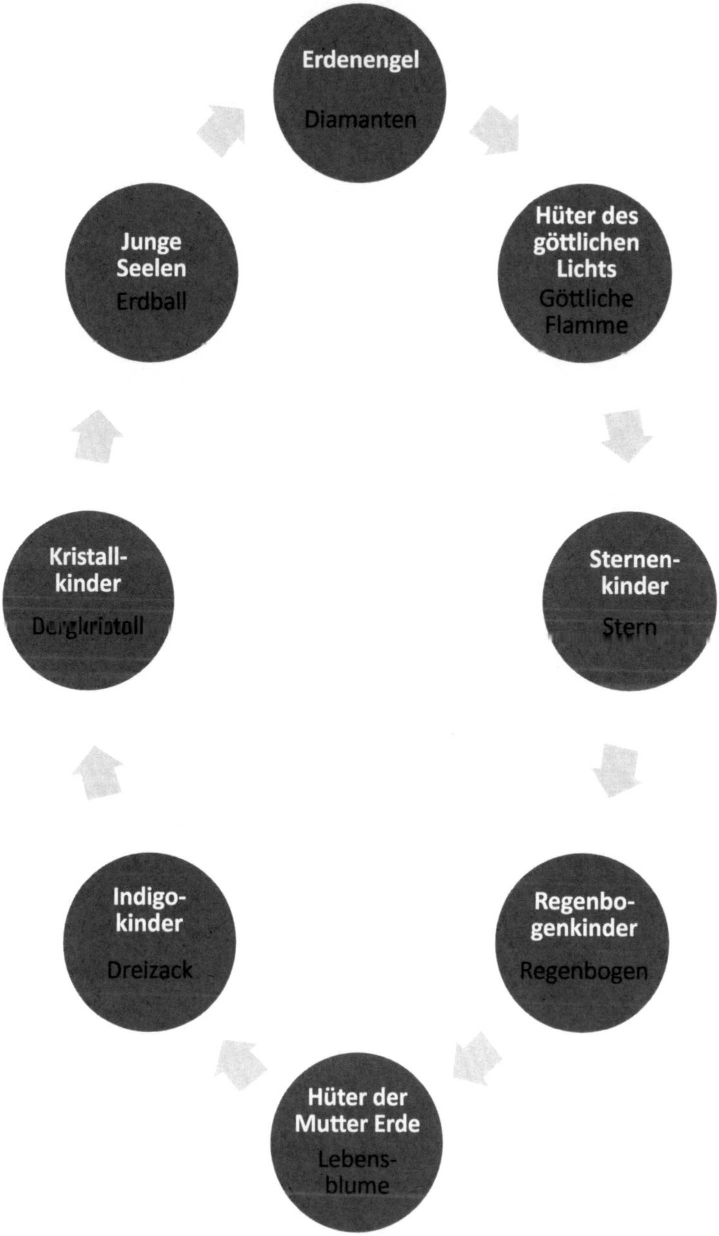

Anbei nun die unterschiedlichen Lichtlinien mit ihrem Auftrag, ihren Eigenschaften und entsprechenden Hilfsmitteln und Kennungsmerkmalen:

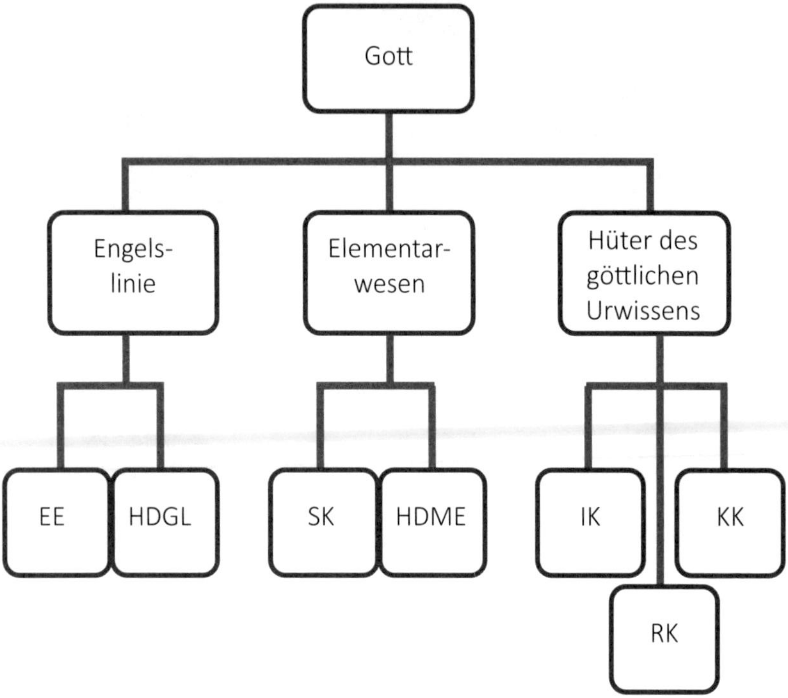

EE – Erdenengel
HDGL – Hüter des göttlichen Lichts
SK – Sternenkinder
HDME – Hüter der Mutter Erde
IK – Indigokinder
KK – Kristallkinder
RK – Regenbogenkinder

Lichtlinie der Engel: Erdenengel und Hüter des göttlichen Lichts

Erdenengel – EE

Erdenengel sind inzwischen über 2000 Jahre auf der Erde. In dieser Zeit hat sich ihr Ego stark entwickelt und sie haben sich viel Karma erschaffen. Sie sind dabei in die Opferrolle abgerutscht und in die Versenkung – in das Schläfer-Dasein. Dabei haben sie ihren eigentlichen Auftrag vergessen. Erdenengel können in Raum und Zeit wechseln, darum können sie sich auch in andere Linien gebären bzw. immer wieder inkarnieren – von Leben zu Leben. Zu beachten ist daher die Basisidentität. Sie sind sehr naturverbunden und haben eine tiefe Verbindung zur Mutter Erde. Das große Erwachen begann am 21.12.2012. Die Erdenengel kommen in immer wiederkehrenden Abständen auf der Erde. Deswegen haben sie viele karmischen Belastungen, da sie schon unzählig viele Erdenleben haben. Es sind sehr reife und erfahrene Seelen.

Ihr Auftrag:

- Sie sind hier, um die Engelsenergie weiterzugeben.
- Sie sind hier, um das himmlische Wissen zu vermitteln und zu lehren.
- Sie sind hier, um Engelsbotschaften zu übermitteln.
- Sie müssen die eigene Verbindung zu Gott wiederfinden.
- Sie stellen die Verbindung zu Gott und den Engeln her.
- Sie arbeiten mit ihren imaginären Flügeln statt mit den Händen. Darum die Flügelarbeit.

Ihre Eigenschaften:

- Sie sind enorm sensibel und liebesbedürftig.
- Sie haben große heilende Fähigkeiten. Sie sind hellsichtig, feinfühlig, hellhörig, hellwissend.
- Sie verfügen über eine übersteigerte Hilfsbereitschaft – Helfersyndrom – und können daher schwer »Nein« sagen.
- Sie haben die Fähigkeit, Kontakt zu Verstorbenen aufzunehmen.
- Sie tragen einen starken Glauben in sich.
- Sie können reisen in Raum und Zeit, in die Vergangenheit, Gegenwart und Zukunft.
- Sie vergessen häufig ihr eigenes Wohlergehen, vor allem das körperliche.

Hilfsmittel:

- Flügelarbeit – sie sollen mit ihren imaginären Flügeln arbeiten.
- Sie sollen mit der heilenden Engelsenergie arbeiten, da es ihrer Identität und Energie entspricht.
- Hilfsmittel, die im feinstofflichen Bereich die Schwingung erhöhen.
- Engelsessenzen, Engelskarten, Engelbilder.
- Klangschalenmassage, Musik etc.
- Natur – Kraftplätze, Wald, Garten.

Erkennungsmerkmal:

- Herzkristall, in Form eines Diamanten.

Selbsttest zum Auspendeln:

- Bin ich ein Erdenengel?
- Trage ich als Kennungsmerkmal einen Herzkristall in Form eines Diamanten in meinem Herzen?

Eine Anleitung zum Auspendeln erhalten Sie im Anschluss auf Seite 107.

Meine Erkenntnisse:

____

____

____

____

Hüter des göttlichen Lichts – HDGL

Die Hüter des göttlichen Lichts können sich vieler Techniken bedienen. Sie müssen aber aufpassen, dass sie nicht manipulieren. Die Hüter des göttlichen Lichts sind Zuträger der Erdenengel. Die Erdenengel und die Hüter des Lichts gehören beide der Engelslinie an. Wenn die göttliche Flamme erlischt, verlässt die Seele den menschlichen Körper. Die Hüter des Lichts sind schon sehr lange hier, ähnlich wie die Erdenengel. Sie sind fast zeitgleich auf der Erde inkarniert. Aufgrund dessen haben sie ein sehr breit gefächertes Wissen, damit sie die Erdenengel bestmöglich unterstützen können. Sie sind die »Vorabeiter« bzw. »Türöffner« der Erdenengel. Demzufolge arbeiten sie auch Hand in Hand. Als Wesen sind sie sehr vielschichtig.

Ihr Auftrag:

- Sie manifestieren die göttliche Flame bei den Erdenengeln und achten darauf, dass diese nicht erlischt.
- Sie sind hier, um bei den Menschen das göttliche Licht, den göttlichen Funken wieder zu entzünden.
- Sie aktivieren den göttlichen Glauben.
- Sie sind Unterstützer der Erdenengel.
- Sie sind hier, um die Verbindung von den Menschen zu den Engeln wiederherzustellen.
- Sie sind hier, um zu erinnern. Sie erinnern an das alte spirituelle Wissen.
- Sie sind hier, um das göttliche Licht zu verteilen.

Ihre Eigenschaften:

- Sie können sich besser distanzieren als die Erdenengel und nehmen nicht alles so persönlich.

- Wenn sie etwas nicht tun wollen, dann tun sie es auch nicht.
- Sie können gut »Nein« sagen.
- Sie lieben alles, was mit Sport, Körper, Fitness oder auch sportlichen Wettkämpfen zu tun hat.
- Sie sind häufig gut gebaut, stattlich, gut trainiert. Sie neigen dazu, den Körperkult zu übertreiben.
- Sie vertrauen noch zu wenig ihren Gefühlen.
- Sie sind oft zu verstandsorientiert, obwohl sie sehr feinfühlig sind.
- Sie halten zu lange an alten Situationen fest und tun sich schwer mit dem Loslassen.
- Sie verfügen über eine große Vorstellungskraft.
- Ihnen fehlt häufig der Mut zum Handeln.

Hilfsmittel:

- Sie sollten mit der göttlichen Flamme arbeiten.
- Schulungen und Seminare, welche das Bewusstsein erweitern.

Erkennungsmerkmal:
- Göttliche Flamme

Selbsttest zum Auspendeln:

- Bin ich ein Hüter des göttlichen Lichts?
- Trage ich als Kennungsmerkmal die göttliche Flamme in meinem Herzen?

Meine Erkenntnisse:

____

____

____

____

Lichtlinie der Elementare: Sternenkinder und Hüter der Mutter Erde

Sternenkinder – SK

Zu den Elementaren gehören die Sternenkinder sowie die Hüter der Mutter Erde. Sie bilden Portale, um die Verbindung zwischen den Welten und Planeten herzustellen. So wird übersinnliches Wissen von den Sternenkindern auf die Erde transportiert. Aufgrund dessen arbeiten die Sternenkinder mit den Hütern der Mutter Erde eng zusammen. Sie inkarnieren seit dem Jahr 2000 auf der Erde. Obendrein sind sie sich in besonderem Maße ihrer Umwelt bewusst und interessieren sich aktiv für den Zustand der Planeten.

Ihr Auftrag:

- Sie sind angeschlossen an das »Universelle Wissen« bzw. an die unendliche Intelligenz.

- Sie sind hoch intelligent und offerieren uns neue Technologien.
- Sie sind hier, um uns wissenschaftliches Verständnis zu bringen.
- Sie sind hier, um die Verbindung unter den Elementaren herzustellen.
- Sie sind hier, um die Balance des Wissens im Universum herzustellen.

Ihre Eigenschaften:

- Sie können sich daran erinnern, woher sie kommen und wer sie sind.
- Sie haben eine besondere Leuchtkraft in den Augen.
- Sie sind multidimensional veranlagt und hellsichtig.
- Bei ihnen steht immer das Kollektiv im Vordergrund, dem »großen Ganzen« zu helfen und zu dienen.
- Sie werten und urteilen nicht.
- Fühlen sie sich nicht verstanden, dann fühlen sie sich einsam (ähnlich wie die Erdenengel).
- Sie haben eine Vorliebe für andere Welten und Planeten.
- Sie haben eine Vorliebe für Wissenschaften und lieben es über Quantenrealitäten zu sprechen.

Hilfsmittel:

- Sie sollen mit Sternenstaub arbeiten.
- Sie können universelle Portale nutzen.
- Bei ihnen funktionieren gut »Bestellungen beim Universum«.
- Sie können gut ihre geistige Kraft einsetzten: Affirmieren, Visualisieren.

- Geistiges Reisen und Meditationsreisen sind sehr förderlich.

Erkennungsmerkmal:

- Stern

Selbsttest zum Auspendeln:

- Bin ich ein Sternenkind?
- Trage ich als Kennungsmerkmal einen Stern in meinem Herzen?

Meine Erkenntnisse:

____

____

____

____

Hüter der Mutter Erde – HDME

Himmel und Erde sind eine Einheit. Das Universum besteht aus unzähligen Galaxien. Doch die Galaxie besteht aus vielen Planeten. Die Hüter der Mutter Erde sorgen dafür, dass die Seelen ihre Planeten wertschätzen und diese nicht vernichten. Sie versuchen, die Erde zu schützen. Hütter der Mutter Erde sind meist Natur-Aktivisten. Die Sternenkinder wie auch die Hüter der Mutter Erde sorgen dafür, dass das Universum in Einklang bleibt. Auch das gerät immer wieder mal in Schieflage, darum inkarnieren sie immer wieder auf der Erde.

Ihr Auftrag:

- Sie sind hier, um die Balance der Mutter Erde herstellen.
- Sie sind hier, um die Natur zum Erblühen zu bringen.
- Sie stärken, huten und behüten die Mutter Erde
- Sie sind hier, um mit ihren Fähigkeiten die Sternenkinder zu unterstützen.
- Sie sind Vermittler und Zuträger der Sternenkinder.

Ihre Eigenschaften:

- Sie sind sehr erdverbunden.
- Sie sind sehr bodenständig.
- Sie lieben die Natur.
- Sie sind extrem auf das Wohl der Mutter Erde bedacht und setzen sich stark für die Natur ein.
- Sie sind teilweise sehr verbissen und lassen sich von ihrem Auftrag nicht abbringen.

Hilfsmittel:

- Sie sollen mit der Lebensblume arbeiten.
- Bachblüten und Blütenessenzen
- Natur- und Kräuterheilkunde, Homöopathie
- Nahrungsergänzungsmittel
- Kraftplätze in der Natur aufsuchen. Sie helfen zu regenerieren.

Erkennungsmerkmal:
- Lebensblume

Selbsttest zum Auspendeln:

- Bin ich ein Hüter der Mutter Erde?
- Trage ich als Kennungsmerkmal die Lebensblume in meinem Herzen?

Meine Erkenntnisse:

Lichtlinie der Hüter des göttlichen Urwissens: Indigokinder, Kristallkinder, Regenbogenkinder

Indigokinder – IK

Die Hüter des göttlichen Ur-Wissens sind »Erwecker« und »Überbringer« des spirituellen Wissens. Aufgrund unserer Geschichte wurde das spirituelle Wissen über Jahre unterdrückt. Es gab Zeiten, da wurden spirituelle Menschen verfolgt und getötet. Die Indigos sind Teil der ersten »Seelen mit höherem Bewusstsein«, die auf die Erde kamen, um die Menschen wieder zu erinnern, dass es noch mehr gibt, als mit unseren Augen sichtbar ist. Sie sind Revoluzzer, sie rütteln wach, sie haben etwas Wichtiges mitzuteilen. Deswegen werden sie häufig als ADHS-Kinder abgestempelt und mit Ritalin beruhigt. Die ersten Indigo Kinder kamen in den 60er Jahren auf die Erde, hauptsächlich jedoch in den 80er Jahren.

Ihr Auftrag:

- Sie sind hier, um die Menschen in ihrem Bewusstsein wachrütteln.
- Sie sind hier, um das Bewusstsein der Menschen aufzubauen und das spirituelle Wissen wiederzuerwecken.
- Sie sind hier, um die nicht mehr funktionierenden oder auf Unwahrheiten basierenden Einstellungen aufzubrechen. Egal, ob Systeme oder ob es einzelne Personen betrifft.
- Sie bringen das Atlantische Wissen wieder auf die Erde.

Ihre Eigenschaften:

- Sie sind Träger des Urwissens von Atlantis.
- Wenn Sie etwas Bestimmtes wollen oder erkennen, gehen sie ohne Kompromisse ihren Weg.
- Sie wollen gehört werden, darum sollte man ihnen unbedingt zuhören und sich Zeit nehmen.
- Sie sind Pioniere, oft unangepasst und wirken oft rebellisch.
- Nur wenn sie jemanden respektieren, sind sie lernbereit.
- Sie hinterfragen, ob etwas Sinn macht. Ist das nicht der Fall, dann verweigern sie sich.
- Sie sind sehr kämpferisch, sehr direkt, mischen sich ein.

Hilfsmittel:

- Meditation, Autogenes Training, Yoga etc.
- Sie brauchen viel Freiheit, Freiraum und Bewegung.
- Sport, Körperbewegung in der Natur.

Erkennungsmerkmal:

- Dreizack

Selbsttest zum Auspendeln:

- Bin ich ein Indigokind?
- Trage ich als Kennungsmerkmal einen Dreizack in meinem Herzen?

Meine Erkenntnisse:

____

____

____

____

Kristallkinder – KK
Kristallkinder sind Vermittler in andere Dimensionen. Sie sehen gewöhnlich ihre Führer und Helfer und tauschen sich dadurch mit anderen Welten aus. Sie sind Übermittler des himmlischen Wissens und haben eine multidimensionale Wahrnehmung. Sie können hinter den Schleier sehen. Die Kristallkinder inkarnieren überwiegend seit den 90ern (1997/1998). Sie haben oft intensiv blaue Augen – eisblau.

Ihr Auftrag:

- Sie sind hier, um das Mitgefühl auf die Erde zu bringen. Denn aus Mitgefühl kann wieder Frieden entstehen.
- Sie sind hier, um Frieden auf die Erde zu bringen.
- Sie sind hier, um den Frieden auf der Erde zu verankern.

Ihre Eigenschaften:

- Sie haben heilende Fähigkeiten, bis hin zur Spontanheilung.
- Sie sind sehr hellsichtig und haben große telepathische Fähigkeiten.
- Sie denken blitzschnell und springen oft von einem Thema zum anderen.
- Sie können irdische und kosmische Kräfte zum Heilen einsetzen.
- Sie sind sehr sensibel, energetisch sehr empfindsam, intuitiv und lernfähig.
- Sie haben ein großes Mitgefühl und einen großen Gerechtigkeitssinn.
- Sie benötigen dringend Rückzugsmöglichkeiten, da ihnen das Wohlfühlen sehr wichtig ist.
- Konflikte wirken sehr zerstörerisch auf Kristallkinder.

Hilfsmittel:

- Kristalle und Heilsteine
- Orte zum Auftanken: Kristalltempel oder Kristallgrotte, Wohlfühl- oder Kraftplätze.
- Heilmittel mit sehr hoher Schwingung.

Erkennungsmerkmal:
- Kristall

Selbsttest zum Auspendeln:

- Bin ich ein Kristallkind?
- Trage ich als Kennungsmerkmal einen Bergkristall in meinem Herzen?

Meine Erkenntnisse:

____

____

____

____

Regenbogenkinder – RK

Regenbogenkinder bilden eine Brücke zwischen Himmel und Erde. Sie kommen auf die Erde, um den Menschen eine Brücke zu schlagen, nämlich in die spirituelle Welt. Regenbogenkinder inkarnieren seit dem Jahr 2006, hauptsächlich jedoch erst seit etwa 2019. Sie inkarnieren zum ersten Mal auf der Erde und haben deswegen auch keine karmischen Belastungen, die mit der Erde zu tun haben.

Ihr Auftrag:

- Sie sind hier, um das Gleichgewicht zwischen der männlichen und weiblichen Energie herzustellen.
- Sie sind hier, um einen Weg (Brücke) in die spirituelle Welt zu zeigen.
- Sie sind hier, um das Übersinnliche den Menschen wieder näher zu bringen.
- Sie sind hier, um die geistigen Grenzen aufzuheben, damit das »Ganze« bzw. die göttliche Einheit wieder wahrgenommen wird.

Ihre Eigenschaften:

- Sie haben eine ausgleichende ruhige Energie.
- Sie sind sehr farbenfroh.
- Sie haben große telepathische Fähigkeiten.
- Sie können zwischen Raum und Zeit wechseln, wie die Erdenengel.

Hilfsmittel:

- Farb- und Lichttherapie
- Aura-Lehre
- Aura-Essenzen
- Wassertherapie

Erkennungsmerkmal:

- Regenbogen

Selbsttest zum Auspendeln:

- Bin ich ein Regenbogenkind?
- Trage ich als Kennungsmerkmal einen Regenbogen in meinem Herzen?

Meine Erkenntnisse:

Junge Seelen: Kinderseelen

Junge Seelen (sogenannte Kinderseelen) sind auf der Erde, um zu lernen. Ihre Unbedarftheit lässt sie ohne Probleme ihr Potenzial erkunden und kennenlernen. Ihre Entwicklungsleistung ist sehr groß und bietet viele Möglichkeiten. Da sie aber oft noch sehr unbesonnen vorgehen, brauchen sie Unterstützung und Hilfe. Sie brauchen Lehrer, die ihnen vorleben, was richtig und falsch ist. Sie benötigen Starthilfe, damit sie in ihren Wachstumsprozess kommen. Daher kommen Seelen mit einem »höheren Bewusstsein«, um die jungen Seelen zu lehren. Es bedarf Vorbilder, damit diese Kinderseelen sich entwickeln und wachsen können.

Ihr Auftrag:

- Sie sind hier, um zu lernen und sich zu entwickeln.
- Sie sollen lernen, selbst zu erschaffen und Schöpfer zu sein.
- Sie sind hier, um körperliche und materielle Erfahrungen zu machen.
- Sie haben sich meist viele große Lernerfahrungen vorgenommen.

Ihre Eigenschaften:

- Sie sind leider oft sehr unflexibel.
- Sie sind häufig sehr stur und dickköpfig.
- Sie verhalten sich oftmals rechthaberisch und sind teilweise unbelehrbar.
- Sie sind zu fixiert auf ihre eigene Meinung.
- Sie machen noch viele Schuldzuweisungen.

Hilfsmittel:

- Medikamente
- Schulmedizin
- Alles, was auf der körperlichen Ebene greift.

Erkennungsmerkmal:

- Erdkugel

Selbsttest zum auspendeln:

- Bin ich eine Kinderseele?
- Trage ich als Kennungsmerkmal eine Erdkugel in meinem Herzen?

Meine Erkenntnisse:

____

____

____

____

Nachdem ich alle diese Informationen von Gabriel bekommen hatte, war meine Neugierde kaum zu bremsen. Ich habe postwendend abgefragt, von welcher Lichtlinie ich komme. Und siehe da, ich bin in meiner Basisenergie ein Erdenengel. Es zeigte sich eindeutig. Nun hatte ich nochmals die Bestätigung erhalten.

Bestimmt möchten Sie jetzt auch wissen, wie Sie das abfragen können? Können Sie bereits pendeln? Kennen Sie den kinesiologischen Muskeltest? Auch diesen können Sie gerne anwenden. Wenn Sie jedoch noch kein Handwerkszeug haben, um etwas auszutesten, möchte ich Ihnen eine Möglichkeit an die Hand geben:

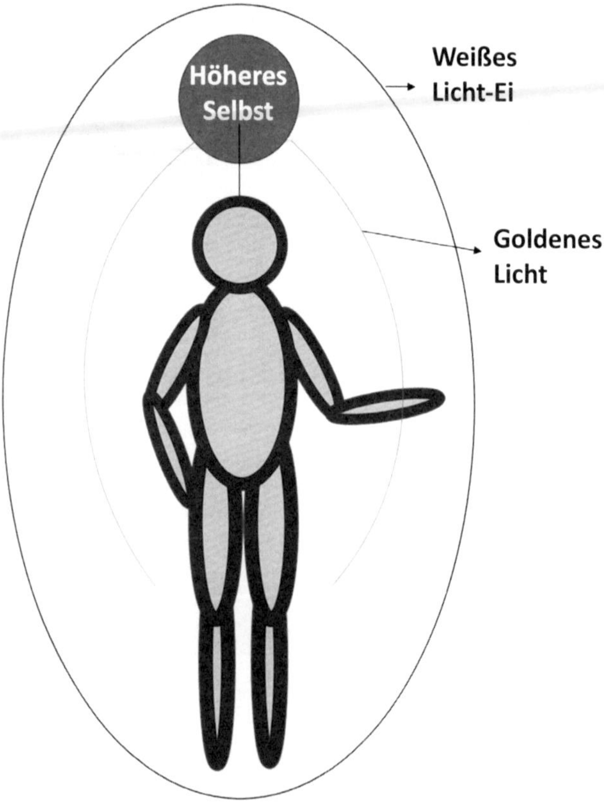

Praxisübung – das innere Pendel

Stellen Sie sich eine goldene Lichtkugel über Ihrem Kopf vor. Ziehen Sie goldenes Licht aus der Lichtkugel und duschen Sie sich gedanklich in dem goldenen Licht, damit alles Negative abgewaschen wird. Danach setzen Sie sich zum Schutz in ein Licht-Ei aus weißem Licht, so dass die goldene Kugel darin eingeschlossen ist. Nun ziehen Sie eine Schlinge aus Ihrem Kopf (wo die Babys die Fontanelle haben) und verbinden diese mit der goldenen Lichtkugel. Nun sind Sie mit Ihrem »Höheren Selbst« verbunden.

Damit Sie Ihr Pendel einschwingen, ist es notwendig ein paar Fragen zu stellen. Stehen Sie dazu auf, die Beine leicht auseinander, so dass Sie einen festen Stand haben. Die Fragen lauten:

- Liebes »Höhere Selbst«, zeige mir ein »Ja«.
  Es sollte Sie nach vorne ziehen.
- Liebes »Höhere Selbst«, zeige mir ein »Nein«.
  Es sollte Sie nach hinten ziehen.
- Liebes »Höhere Selbst«, zeige mir ein »Vielleicht«.
  Es sollte sich schwankend zeigen, von links nach rechts.

Üben Sie das 14 Tage lang, dann ist Ihr Pendel auf Sie eingeschwungen. Am Anfang können sich die Bewegungen noch sehr zögerlich zeigen. Sie werden jedoch sehen, je mehr Übung Sie bekommen, umso schneller zeigt das Pendel die Antwort.

Nun fragen Sie:

- Welches Kennungsmerkmal trage ich in meinem Herzen? Einen Diamanten?
  Jetzt achten Sie darauf, ob Sie ein »Ja« oder »Nein«

erhalten.

- Bin ich in meiner Basisenergie ein Erdenengel?
  Sollte hier ein »Nein« kommen, dann sind Sie kein Erdenengel.
  Sollten Sie bei beiden Fragen ein »Ja« erhalten, dann sind sie ein Erdenengel.

Das Gleiche machen Sie dann mit der nächsten Kugel bzw. Lichtlinie:

- Welches Kennungsmerkmal trage ich in meinem Herzen? Die göttliche Flamme?
  Jetzt achten Sie bitte darauf, ob Sie ein »Ja« oder »Nein« erhalten.
- Bin ich in meiner Basisenergie ein Hüter des göttlichen Lichts?
  Sollte hier ein »Nein« kommen, dann fragen Sie die nächste Lichtlinie ab.

Wiederholen Sie diese Fragen mit allen weiteren Aspekten, bis Sie bei beiden Fragen ein »Ja« erhalten. So können Sie herausfinden, welcher Lichtlinie Sie entstammen.

Danach sollten Sie die Schnur aus dem »Höheren Selbst« wieder ablösen und in den Kopf zurückführen, damit die Verbindung wieder gelöst ist. Das ist sehr wichtig, da Sie sonst Kopfschmerzen bekommen können.

Zur Unterstützung finden Sie auch noch ein Video zum »Inneren Pendel« auf unserer Webseite unter:
www.ender-coaching.de/videos.

Ich liebe dieses »Innere Pendel«, da ich es immer dabeihabe. Es ist zu jeder Zeit, an jedem Ort verfügbar und einsetzbar. Es hilft mir tagtäglich bei meiner Arbeit. Noch ein wichtiger Tipp: Wenden Sie ein Pendel generell nur an, um anderen Menschen zu helfen. Niemals um jemanden auszufragen! Das entspricht nicht der göttlichen Ordnung und Sie würden übergriffig werden. Tun Sie bitte Gutes damit! Denn alles, was Sie aussenden, kehrt zu Ihnen zurück.

Nun haben Sie viel über die Lichtlinien erfahren. Da aber in diesem Buch der Schwerpunkt auf den Erdenengeln liegt, habe ich mir wohl überlegt, die Ausführungen über die anderen Lichtseelen einzugrenzen. Wichtig ist jedoch, die Unterschiede zu den Lichtlinien und deren Lichtseelen zu erkennen. Mehr Informationen zu den Lichtlinien erhalten Sie unter:
www.lichtseelen.de.
In meiner Ausbildung zum ErdenEngel-Coach erzählen mir meine Teilnehmer immer wieder, dass sie sich auch bei einer anderen Lichtlinie finden und auch dort einige Punkte zutreffen würden. Das kann gut sein, infolgedessen ist zu beachten, dass die Erdenengel laut Information von Gabriel sich bereits in früheren Leben in unterschiedliche Lichtlinien inkarniert haben. Darum möchte ich ausdrücklich darauf hinweisen, dass Sie die richtige Frage stellen sollten. Die wie folgt lautet:

- Bin ich ... (Name) in meiner Basisidentität ein Erdenengel?
- Trage ich einen Herzkristall in Form eines Diamanten in meinem Herzen?

Denn wenn ein Erdenengel sich in seinem letzten Leben z. B. als Indigokind inkarniert hat, dann liegt dieses letzte Leben oben auf. Es ist somit sehr präsent. Oft mehr als das Erdenengel-Dasein.

Gabriel erklärte es mir so: »*Liebe Sigrun, stell Dir vor, Du hast eine Mauer und auf diese Mauer klebst Du eine Tapete. Für jedes Leben, welches ein Erdenengel schon hatte, klebst Du eine neue Tapete darauf. Irgendwann hast Du eine ganze Schicht von Tapeten, denn die Erdenengel inkarnieren schon sehr lange in unterschiedlichen Lichtlinien. Somit hättest Du Schichten von vielen bunten Tapeten. Die Mauer ist verdeckt, da zwischenzeitlich über viele Leben immer wieder eine Schicht dazu kam. Wenn Du aber all diese Tapeten abziehen würdest, was käme dann wieder zum Vorschein? Die Mauer! Verstehst Du, was ich meine? Die Mauer bzw. die Basis bleiben trotzdem immer die Gleiche, auch wenn viele Schichten an Leben und Erfahrungen dazu gekommen sind. Und nun verstehst Du vielleicht auch, warum es so wichtig ist, nach der Basisidentität zu fragen. Darum sind Erdenengel sehr erfahrene und reife Seelen, denn wie Du weißt, inkarnieren sie schon sehr lange und häufig auf der Erde. Einige haben schon über eintausend Leben auf der Erde verbracht. Leider haben sie dadurch vergessen, wer sie sind. Sie erkennen ihre wahre Basis nicht mehr. Sie haben ihr Engelswissen schlichtweg vergessen.*

Vor langer Zeit waren die Menschen in einem höheren Bewusstsein. Sie waren eins mit Gott, den Engeln und der Natur. Die Menschen heute haben das leider alles vergessen. Sie haben vergessen, dass die Erde der Planet ist, wo sie zuhause sind. Und sie haben vergessen, wie wichtig diese Einheit ist. Und dennoch sind sie daran, die Natur zu zerstören, sie zu vernichten, sie zu vergaßen. Sie sprengen mit Atombomben unglaublich große Löcher in den Boden. Der Atomenergie hält die Erde aber leider nicht auf Dauer stand. Es vernichtet sie. Ein Planet hat eine unglaublich große Stärke, aber irgendwann ist diese Kraft zwangs-

läufig auch zu Ende und dann zerbricht er. Im Universum könnt ihr das mit Kometen immer wieder sehen. Es ist ein normaler Prozess. Doch der Mensch erkennt nicht, was er tut, wenn er die Erde schädigt. Ohne sie können die Menschen hier nicht mehr leben!

Es macht uns Engel unglaublich traurig, es zerreißt uns das Herz, weil die Erde so ein wundervoller Planet ist und auch dieser von Gott erschaffen ist. Die Menschen sehen oft das Göttliche darin nicht mehr. Das war eine Eigenschaft, welche die früheren Kulturen hatten, wie z.B. die Atlanter von Atlantis. Sie waren dankbar und achtsam gegenüber der Welt. Und wenn die Menschen dies wieder wären, dann könnte sich ganz vieles zum Positiven verändern. Nicht nur bei der Mutter Erde selbst, sondern auch bei allen Lebewesen, die darauf wohnen und leben. Das würde einen sehr heilsamen Prozess in Gang setzen.

Wenn die Menschen anfangen würden, ihre Lebensmittel, das Wasser, das Meer, den Regen, die Bäume, das Gras, die Seen, die Natur zu segnen, dann würden sie immer von der Natur bzw. der Mutter Erde reichlich beschenkt! Dadurch, dass die Menschen aber immer nur jammern oder gar schimpfen, wie auf das Wetter, den Regen, den Wind, die Ernte, wird es immer weniger, da es nie genug ist. Das sollte schnellstmöglich wieder umgedreht werden. Es ist so wichtig, dass die Menschen wiedererkennen, dass die Dankbarkeit alles vermehrt, dass die Dankbarkeit die Ernte bringt, dass die Dankbarkeit euch nährt! Die Dankbarkeit gegenüber der Mutter Erde. Sie bringt den Menschen die Nahrung. Je mehr ihr Menschen dankbar seid, umso besser, wertvoller, vitaminreicher und nährwerter wird die Nahrung, welche die Erde euch schenkt!

Die Nahrung ist ein großes Problem in vielen Ländern auf der Erde. Anstatt dass die Menschen zusammenhal-

ten, ist jeder nur auf sein eigenes Wohl bedacht. Dies ist schockierend, denn würde Gott so denken, dann hättet ihr Menschen alle nichts. Dann gäbe es euch Menschen nicht. Gott hat euch Gefühle gegeben, wie die Nächstenliebe, die Gemeinsamkeit und das Miteinander, und diese Eigenschaften solltet ihr viel mehr leben. Stattdessen tragen viele Menschen Neid, Missgunst, Misstrauen und Hass in sich. Dies ist nicht gut für die Zukunft und das Überleben auf der Erde! Und ihr Menschen wundert euch dann immer mehr, warum es so viele gesundheitliche Probleme gibt, warum es so viele Allergien gibt, warum die Menschen mit ihrem Körper allergische Reaktionen zeigen. Das hängt alles damit zusammen.

Die Seelen mit einem ›höheren Bewusstsein‹, wie z. B. die Indigo-, Kristall-, Sternenkinder oder die Erdenengel, haben natürlich eine unendlich höhere Schwingungsfrequenz. Sie benötigen infolgedessen eine bessere Ernährung, die mehr Nährstoffe und Energie in sich trägt. Diese Lichtseelen reagieren enorm auf Schadstoffe in Lebensmittel. Und das führt zu Verdauungsproblemen, aber auch zu Allergien. Gut wäre es, wenn sie leichte Kost zu sich nehmen würden und, wenn möglich, auf folgende Nahrungsmittel verzichten: Gluten, Zucker, Geschmacksverstärker. Aber auch Kohlenhydrate in zu großen Mengen sind ungesund, da diese zu viele Konservierungsstoffe enthalten. Roggen-, Hafer- oder Dinkelmehl wäre besser.

Vielleicht könnt ihr jetzt verstehen, warum sich hier auf der Erde durch die Schwingungserhöhung vieles zeigt und auch Kompromisse immer schwerer lebbar werden. Ihr Lichtseelen müsst wieder in euer Bewusstsein kommen, welches euch von Gott gegeben wurde. Der göttliche Plan besagt, dass eine Einheit zwischen Himmel und Erde geschaffen werden soll. Damit der Friede und die Liebe auf der Erde einkehren können. Alle himmlischen Lichtwesen sind mit diesem Plan vertraut und beauftragt. Alle Seelen werden gerufen. Der Seelenruf ist aktiviert! Und ihr Lichtseelen dürft euch jetzt zeigen.

Seid mutig und steht zu dem, was ihr seid. Denn erst dann, wenn ihr das lebt, was ihr seid, könnt ihr vollkommen in eurer Fülle leben. Erst dann kommen eure wahren Talente zum Tragen. Erst dann könnt ihr euch in eurer vollen Größe zeigen und euren Auftrag erfüllen! Habt keine Angst, das Licht wird siegen! Der Schatten und das Negative werden weichen. Die Weichen sind gestellt und der Wendepunkt ist gekommen. Die Lichtseelen sind daran sich zu erinnern. Sie sind bereits am Erwachen. Und wenn die Lichtseelen erwachen, dann können Wunder geschehen. Der göttliche Plan wird sich realisieren.

Umso wichtiger ist es, dass die erwachten Lichtseelen sich wiederfinden. Denn wenn die Lichtseelen sich treffen, dann strahlt ein Licht ins Universum und dieses wird von anderen Lichtseelen wahrgenommen. Und denkt an meine Worte: Es braucht sehr viele Lichtwesen, die dieses Wissen weitergeben, damit die gesamte Menschheit aufwacht und den Quantensprung überlebt.

Darum spreche ich alle Lichtseelen an: Findet und erkennt euch! Welcher Lichtlinie entstammt ihr? Was sind eure Fähigkeiten und Talente? Erweckt sie zum Leben und setzt sie zum Wohle von euch und anderen Personen ein. Wie gesagt: Seid mutig und schreitet vorwärts. Erweckt eure Fähigkeiten und lebt eure Berufung. Denn dann geht es euch gut! Bittet die Engel und alle anderen Lichtwesen, sei es euer Geistführer, euer »Höheres Selbst«, euren Schutzengel, euer himmlisches Team, um Hilfe und Unterstützung. Sie sind alle da, um euch zu helfen. Habt keine Angst davor, dies zu tun. Sie freuen sich, wenn ihr Kontakt zu ihnen aufnehmt. Stellt euch mal vor, ihr würdet ein Leben lang jemanden begleiten, der niemals ein Wort mit euch spricht! Wäre das nicht langweilig? Was glaubt ihr, wie es euren himmlischen Helfern geht, die ein ganzes Leben an eurer Seite sind? Ihr seid alle göttliche Wesen! Ihr seid ein Teil von Gott, wie alles andere, was von ihm erschaffen wurde. Daher seid ihr nicht mehr oder weniger wert. Ihr seid gleichwertig. Aus diesem Grund habt ihr auch die Möglichkeit, mit den himmlischen Helfern in Kontakt zu treten. Und wenn ihr euch dessen wieder bewusstwerdet, werden auch die Grenzen aufgehoben, die ihr euch selbst geschaffen habt. Erkennt eure Schönheit und euren Wert. Denn wenn ihr euch anzweifelt, dann zweifelt ihr Gott, euren Ur-Schöpfer an. Ihr alle seid ein von Gott geschaffenes Unikat! Es gibt euch nur einmal. Erinnert euch daran, woher ihr kommt und wer ihr seid! Das ist mein Wunsch, aber auch der eures Ur-Schöpfers.

Nun, liebe Sigrun, ist die Zeit gekommen, in der die Menschen bereit sind, dieses Wissen zu erhalten. Du gibst dieses Wissen über Deine Seminare schon an die Erdenengel weiter, damit sie den anderen Lichtlinien helfen können.

Ich Erzengel Gabriel hoffe, dass die Seelen mit höherem Bewusstsein sich jetzt finden und dass sie ihr Wissen erwecken und einsetzen. Infolgedessen kann sich die Transformation der Erde um ein Vielfaches schneller vollziehen. In tiefer Dankbarkeit möchte ich, Gabriel, alle unterstützen und allen danken, die aktiv mitwirken, den göttlichen Plan umzusetzen.«

Die Information von Gabriel über die Lichtlinien helfen so vielen Menschen bei der Selbstfindung. Ich persönlich habe dadurch einen inneren Frieden gefunden, da ich mich und mein Leben besser verstehen konnte. Ich hoffe, dass es Ihnen auch hilft und dass auch Sie dadurch mehr Klarheit und Frieden finden.

Die Flügelarbeit: Nutzen und Wirkungsweise

Ich durfte die Erdenengel begleiten in ihrem Erwachens- und Wachstumsprozess. Unsere ErdenEngel-Coach-Ausbildung lief gut und auf Gabriels Wunsch hin haben wir Übungstage für die ausgebildeten Coaches eingeführt. Ich konnte mit eigenen Augen beobachten, wie es den Erdenengeln, die zu uns kamen, von Tag zu Tag besser ging. Sie wurden selbstbewusster und selbstsicherer. Das Urvertrauen in die eigenen Fähigkeiten wuchs und die Hilflosigkeit verschwand immer mehr. Ihre Ängste wurden immer kleiner und stattdessen machte sich auch bei den jeweiligen Personen ein innerer Frieden breit. Es war erstaunlich, wie Gabriels Handwerkszeug funktionierte. Es zeigte sich der gleiche Effekt wie bei mir.

Die Erdenengel-Gemeinschaft wuchs stetig an, wozu auch Gabriel seinen Beitrag leistete. Denn er tauchte tatsächlich bei jedem Treffen auf, was bis heute angehalten hat. Zwischenzeitlich hatte er nicht nur himmlische Botschaften für mich, sondern auch für die Teilnehmer unserer Ausbildungen und Übungstage. Die Faszination, die Gabriel ausübte, ging in der Tat auch auf alle anderen über. Er hat alle regelrecht »infiziert«, um es in seine eigenen Worte zu fassen. Schnell entwickelten sich die Channelings zu dem Highlight einer jeden Veranstaltung. Sein Versprechen, welches er mir gegeben hatte, hat er gehalten. In einem Gespräch mit ihm sagte er mir einmal: »*Weißt Du, liebe Sigrun, ein Engel bricht nie sein Versprechen. Und ich bin ein Erzengel.*« In dem Moment wurde mir klar, dass es ihm durch seinen Status »Erzengel« noch viel mehr daran gelegen ist, die Wahrheit zu sprechen, denn dieser weist ihn als einen sehr mächtigen und weisen Engel aus. Mir wurde bewusst, wie schön es ist, dass er mich begleitet, denn er hatte mir versprochen, immer dabei zu sein, wenn ich mit den Erdenengeln am Wirken bin.

Meine neue Arbeit, in »himmlischer Mission mit Gabriel«, machte mir unglaubliche Freude. All die Schwere, die ich in meinem alten Beruf hatte, war inzwischen vollkommen weg. Es war für mich ein neues Lebensgefühl und einfach wundervoll. Mein Leben wurde zu einem Abenteuer – spannend und faszinierend zugleich. Nie hätte ich gedacht, dass ich das mal sagen kann. Ich fand in dem, was ich tat, meine Erfüllung. Mit der inneren Erfüllung kam dann auch zeitversetzt die Fülle im Außen – ganz von allein. Das vermittelte Wissen von Gabriel wurde zu meinem inneren Schatz. Ich würde es mit keinem Geld der Welt tauschen. Dieser »innere Schatz« hat in der Folge dazu geführt, dass mein Selbstwertgefühl und Selbstbewusstsein gewachsen sind. Inzwischen sind einige Jahre vergangen, in denen ich viele Erdenengel ausgebildet habe und mit dieser Aufgabe bin ich selbst täglich mitgewachsen. Seither ist viel passiert und wenn ich zurückblicke, verspüre ich eine tiefe Dankbarkeit.

Sie haben nun viel über die Entstehung der Flügelarbeit, über Lichtseelen, die Erdenengel und deren Auftrag erfahren. Sicherlich fragen Sie sich jetzt: »Was bewirkt denn nun eigentlich die Flügelarbeit? Was kann ich mit dieser Technik alles bearbeiten und lösen?«

Hierzu möchte ich Ihnen vorab noch etwas erklären. Ihr menschliches Gehirn ist vergleichbar mit einem Computer. Alle Erfahrungen und Erlebnisse, die Sie in der Vergangenheit gemacht haben, speichern Sie körperlich, seelisch, geistig und energetisch. Sowohl positive als auch negative Erfahrungen, denn Ihr Unterbewusstsein unterscheidet nicht, was positiv oder negativ ist. Ihr System speichert vollkommen neutral, ohne Wertung. Auch wenn Sie viele dieser Erfahrungen wieder vergessen haben, ist dennoch die Speicherung erfolgt. Vergleichbar mit den versteckten Dateien auf der Festplatte Ihres Computers. Egal, wann die Speicherung einer Datei erfolgt ist, sie ist Jahre später immer noch abrufbar. Was passiert bei einem Computer? Sie speichern und speichern, die Festplatte wird voller und der Computer wird immer langsamer. Er leistet nicht mehr das, was er im Stande wäre zu leisten.

Bei uns Menschen ist es ähnlich. Ist Ihre Festplatte zu voll, fühlen Sie sich träge und ausgepowert. Sie fühlen sich gestresst, müde, ausgelaugt oder erschöpft. Auch Sie leisten nicht mehr das, was Sie imstande wären zu leisten. Dies führt häufig zu Krankheiten oder anderen problematischen Lebenssituationen. Ihr Körper oder das Leben gibt Ihnen Signale. Die Ursache ist immer eine Situation, worunter Sie gelitten haben oder noch leiden. Das Leid bzw. die Emotionen angesichts einer bestimmten Situation machen uns Menschen krank. Auch, wenn Sie die Emotionen und Gedanken in Bezug auf eine Situation verdrängen oder wegschieben, haben Sie ebendiese längst abgespeichert. Sie sind immer noch vorhanden.

An Ihrem Computer würden Sie nun anfangen, die Festplatte zu bereinigen, unnötige Dateien zu löschen, damit er wieder leistungsfähiger wird. Ähnliches passiert, wenn Sie anfangen, Ihre negativen Speicherungen und leidvollen Emotionen zu lösen und zu bearbeiten. Doch wie kommen Sie an diese »versteckten Dateien«, die in unterschiedlichen Ebenen und Bereichen sitzen? Dieser Bereich kann in Ihrer Kindheit, im Erwachsenenalter, auch in früheren Leben oder im Familiensystem, in der Vererbung, liegen. Gerade aus Ihren früheren Leben nehmen Sie viele Altlasten mit. Haben Sie Ihren Lernprozess noch nicht abgeschlossen, geraten Sie im nächsten Leben in ähnliche Situationen. Daher kommen auch die sogenannten Déjà-vu-Erlebnisse. Denn Ihre vergangenen Erfahrungen beeinflussen Ihr jetziges Leben mehr, als Sie denken.

Jene sogenannten Prägungen und Muster lassen Sie täglich aufs Neue in das gleiche Raster verfallen. Sie kennen sicherlich den Gedanken: »Das passiert mir nie wieder, dass ich in so eine Situation gerate!« Doch kaum vorgenommen, steckten Sie plötzlich wieder in einer ähnlichen Situation. Wenn Sie Ihren Lernprozess erkennen und die dazugehörigen Prägungen löschen, schaffen Sie es aus Ihren alten Mustern herauszukommen. Das können sowohl eigene Denkblockaden (Eigenblockaden) sein, die Sie am Fortschritt und Wachstum hindern. Aber auch Personen aus Ihrem Umfeld (Fremdblockaden) können Sie blockieren. Das kann aus Sorge oder Mitleid sein, ebenso aus Missgunst und Neid. Wenn Sie Ihre alten leidvollen Speicherungen auflösen und erkennen, was Sie aus der Situation lernen sollen, führt das in Kombination dazu, dass Sie wieder vorwärtskommen und für sich den richtigen Weg finden können.

Nun fragen Sie sich bestimmt: »Wie finde ich diese versteckten Dateien und wie kann ich diese bearbeiten?«

Und genau hier greift die Flügelarbeit. Für mich ist die Flügelarbeit eine geniale Methode, mit der man alle Themen bearbeiten kann. Seien es berufliche Themen, gesundheitliche Themen oder partnerschaftliche Themen. Aber auch Blockaden, Muster, Raster etc. werden damit gelöst. Mit der Flügelarbeit ist es möglich, feinstoffliche und energetische Blockaden in allen Lebensbereichen zu bearbeiten und zu lösen. Seien es körperliche, geistige, seelische oder auch energetische. Aber es gibt noch ein weiteres Highlight. Mit der Flügelarbeit wird nicht nur die

Ursache bearbeitet und gelöst, sondern auch die Lösung aus himmlischer Sicht erarbeitet. Das heißt konkret: »Die Lösung, die wir aus unserer menschlichen Sichtweise oder aus unserem Verstand erst gar nicht sehen können, wird von einer höheren Instanz bearbeitet.« Denn unser Verstand oder Ego sucht nach Lösungen, die für uns nicht immer gut sind. Der menschliche Verstand ist der grobstofflichen Ebene zugeordnet. Viele Lösungen finden wir sowieso nicht auf der Verstandesebene. Die Seele und mit ihr der Engelsanteil bzw. die Engelsenergie ist der feinstofflichen Ebene zugeordnet. Der Engelsanteil, mit dem gearbeitet wird, kennt den Lebensauftrag und den Lebensweg, den wir für dieses Leben mitgebracht haben. Und dieser kann ein ganz anderer sein, als uns unser Ego vermitteln möchte. Der Lebensweg und der Lebensauftrag sind mit dem Verstand nicht auffindbar. Diesen finden Sie nur auf einer höheren Ebene.

Ich fragte Gabriel einmal, ob ich einen anderen Namen für die Technik und Arbeitsweise kreieren sollte.

Doch er meinte: *»Nein, liebe Sigrun. Du wohnst in Deutschland, darum benutze auch keine Fremdwörter. Nenne die Technik ›Flügelarbeit‹. Denn damit arbeitest Du ja auch. Du brauchst nichts verbergen.«*

Wie recht er doch hatte und dennoch ist es für uns Menschen oft schwer, sich zu machen Themen zu bekennen. Zu sagen: »Ich mache Flügelarbeit«, fällt mir heute bei bestimmten Personen noch schwer. Vor allem bei jenen, die nicht spirituell sind.

Abgesehen davon ist es einfach großartig, was mit der Flügelarbeit alles gelöst werden kann. Wenn ich die Technik bei mir selbst anwende, dann fühle ich mich innerhalb kürzester Zeit wieder viel besser. Der Effekt, der daraus entsteht, ist sehr spürbar. Es fällt eine schwere Last ab und alles fühlt sich gleich um ein Vielfaches leichter an. Trübe und negative Gedanken oder Gefühle verschwinden und meine Stimmung steigt von Minute zu Minute.

Dazu möchte ich Ihnen zwei Beispiele erzählen. Eine Kundin kam zu mir zum Coaching und erzählte mir, dass sie sich so müde und ausgelaugt fühle. Sie habe keine Kraft und keine Energie mehr. Glieder und Gelenkschmerzen stellen sich zusätzlich noch ein und sie sagte mir, dass es von Tag zu Tag schlimmer würde. Als ich anfing, Flügelarbeit an ihr zu machen, bekam ich Bilder, die mir zeigten, dass lauter Schläuche von ihrem Bauch weggingen und dort ganz viel Energie abfloss. Die Engelsflügel entfernten die ganzen Schläuche. Sie wischten und reinigten die Aura der Kundin und verschlossen die energetischen Wunden. Denn dort, wo die Schläuche angedockt waren, sah ich löchrige Stellen in der Aura Schicht. Mir wurde sofort klar, dass ihre Energie von vielen Personen abgezogen wurde. Jeder dockte sich an ihr an und tankte sich an ihrer Energie auf. Also kein Wunder, dass sie so müde war und ihr schlichtweg die Kraft ausging. Denn sie wurde regelrecht energetisch ausgesaugt. Das verursachte auch die Glieder- und Gelenkschmerzen. Die Flügel bereinigten alles und arbeiteten solange, bis alles wieder in Ordnung war. Bereits zwei Tage später rief mich die Kundin an und sagte mir, dass ihre Müdigkeit vollständig verschwunden sei. Genauso wie die Glieder- und Gelenkschmerzen.

Ein paar Tage später rief mich ein junger Mann an, der auch über Müdigkeit klagte. Er erzählte mir, er sei Koch und wenn er von der Arbeit heimkäme, müsse er erst mal zwei bis drei Stunden schlafen. Er sei so müde, dass er dann gar nicht mehr auf die Beine komme, egal wie lange er schlafe. Ob acht oder zehn Stunden, das sei ganz egal. So machte ich Flügelarbeit bei ihm und sah, wie die Flügel ständig an seinem Kopf wischten. Als ich sein »Höheres Selbst« fragte, was das zu bedeuten habe, hieß es: *»Er müsse etwas erkennen und die Flügel würden die Vernebelung lösen. Da er sich die Erkenntnis aber nicht anschauen möchte, flüchte er sich in den Schlaf. Und wenn er das erkennt, dann kann auch die Müdigkeit wieder verschwinden.«* Ich beobachtete weiterhin die Flügel, sie wischten an seinen Augen, an seinen Ohren, an seinem Gehirn, am dritten Auge usw. und plötzlich kam die Info wie ein Blitz. Ich sah seine eigenen Engelsflügel! Und mir war klar, was er nicht erkennen wollte. Er war ein Erdenengel!

So fragte ich ihn: »Wissen Sie denn, dass Sie ein Erdenengel sind?«

Und er antwortete: »Nein, das weiß ich nicht.« Ich klärte ihn auf und erzählte ihm, was Erdenengel sind. Dann geschah etwas ganz Verwunderliches und er sagte zu mir: »Oh je, mir wird einiges klar! Darum habe ich derzeit so Probleme mit geschlachteten Tieren.«

»Wie meinen Sie das?«, konterte ich.

»Ich gebe Kochkurse und erzähle meinen Teilnehmern, dass sie tausende Euros für ihr Auto ausgeben, aber das ihnen nicht bewusst ist, dass hier ein Tier sterben musste, für das Stück Fleisch, welches sie gerade kochen und dann im Nachgang auch essen werden. Sie mögen doch das Fleisch bitte mit Respekt und Achtung essen, denn schließlich hat ein Tier sein Leben dafür gelassen. Es ist schon sehr verdreht, wenn man bedenkt, dass ein gutes Stück Fleisch für 30€ zu teuer ist, aber man für Autoreifen bereit ist 1.500€ auszugeben. Sind denn Autoreifen mehr wert als ein Tier?

Ich arbeite noch aushilfsweise auf einem Volksfest, welches zwei Mal im Jahr stattfindet. Ich kann das künftig nicht mehr tun. Denn wenn ich mich umdrehe, dann hängen hunderte von gegrilltem Hähnchen hinter mir und am Ende des Abends werden dann die restlichen Hähnchen, die nicht verkauft wurden, in den Mülleimer geworfen. Dafür müssen Tiere sterben, damit sie dann am Abend im Mülleimer landen würden. Ich kann das nicht mehr ertragen! Es tut mir im Herzen weh.«

Es war so eindeutig. Das war ein Erdenengel, der dabei war, zu erwachen und sich zu entpuppen. Sein Seelenruf war aktiviert und die Seele schrie nach Erkenntnis. Sein Bewusstsein wollte das aber noch nicht wahrhaben und genau deswegen hat er sich in den Schlaf geflüchtet. Als ich ihn bat, er soll sich doch mal hinstellen und seine imaginären Flügel entfalten, meinte er: »Ich hebe gleich ab.«

Und als ich ihm sagte, er solle doch mal leicht anfangen, mit den Flügeln zu schwingen, sagte er mir, dass dies nicht ginge. Auf meine Frage, warum nicht, antwortete er: »Die schwingen ganz heftig von allein und ich kann das nicht kontrollieren. Es ist aber ein wunderbares Gefühl und es geht enorm viel Druck von mir weg.«

Ein Schmunzeln kam mir ins Gesicht. Es ist so wunderbar, wie die Erdenengel ihre Flügel wahrnehmen und fühlen können. Viele von ihnen sehen ihre Flügel. Sie beschreiben mir ganz genau, wie sie aussehen, wie groß sie sind und welche Farbe sie haben.

Im Übrigen hat sich der junge Mann einen Tag später schon wieder bei mir gemeldet und gesagt, dass seine Müdigkeit vergangen ist. Er sei wieder ganz der Alte und fühle sich wie neu geboren. Das sind dann die Momente, in denen ich mir denke, es ist so richtig, was ich da mache. Denn die Dankbarkeit und Wertschätzung, die ich dafür zurückerhalte, ist einfach wundervoll. In diesen Momenten bin ich immer sehr erfüllt.

Sicherlich möchten Sie jetzt gerne wissen, wie die Flügelarbeit funktioniert. Meine Erfahrung ist jedoch, dass viele

Menschen viel zu leichtsinnig mit der Energiearbeit umgehen. Es kommen sehr viele Menschen mit Fehlbehandlungen zu mir. Ihnen geht es dabei richtig schlecht. Experimentieren Sie damit bitte nicht herum! Denn alles findet im Universum seine Resonanz. Nichts, aber auch gar nichts verschwindet einfach so. Alles ist Schwingung. Und glauben Sie mir, ich möchte hier weder andere Techniken noch Coaches oder Heiler schlecht reden. Ganz im Gegenteil. Keiner macht wahrscheinlich bewusst Fehlbehandlungen. Die Erfahrung zeigt mir aber, dass es leider oft durch Unwissenheit passiert. Doch Unwissenheit schützt vor Schaden nicht. Daher bitte ich Sie um Verständnis, wenn ich die Flügeltechnik hier nicht ins Detail erkläre. Denn diese ist viel zu umfangreich. Ich vermittle dieses Wissen ausschließlich in unserer ErdenEngel-Coach-Ausbildung. Es ist enorm wichtig, dass bestimmte Rahmenbedingungen beachtet werden. Denn wenn Sie Fehlbehandlungen machen, kommt das zu Ihnen zurück. Das Gesetz von »Ursache und Wirkung« ist gnadenlos. Vielleicht verstehen Sie jetzt auch, warum ich darauf bedacht bin, Ihnen keinen Crashkurs zu geben. Denn auch ich trage für mein Handeln Verantwortung. Würde ich nicht umsichtig damit umgehen, bin mir sicher, dass meine enge Verbindung zu den Engeln und Gabriel wieder abbrechen würde.

Wenn Sie die Flügelarbeit interessiert und diese erlernen möchten, dann empfehle ich Ihnen die Ausbildung, welche ich von Gabriel erhalten habe, zu absolvieren. Dort erhalten sie ein fundiertes Handwerkszeug, womit Sie niemandem Schaden zufügen. Das schützt nicht nur Ihre Kunden, sondern auch Sie selbst.

Nähere Informationen zur ErdenEngel-Coach-Ausbildung finden Sie unter: ***www.ender-coaching.de*** oder unter ***www.erdenengel-portal.de***

Auch hierzu möchte ich Ihnen gerne zwei Beispiele von unbewussten Fehlbehandlungen erzählen:

Es kommt mir immer wieder zu Ohren, dass eine Person einer anderen Person einfach Energie sendet. Ohne zu fragen, ob sie es will oder ob es gut für diese Person ist, wenn sie Energie erhält. Nur weil die Person vielleicht denkt, es wäre richtig, muss es noch lange nicht so sein. Was passiert? Die Person wird energetisch verschoben und verbogen. Lassen Sie es mich genauer erklären. Wir Menschen lernen nur durch die Erkenntnis oder die Erfahrung. Sie, als Person, kommen an einen Punkt in Ihrem Leben, wo Sie z. B. ein Problem haben. Wenn Sie die Erkenntnis aber nicht bekommen, dann werden Sie immer wieder mit der gleichen Situation konfrontiert. Sie durchlaufen den Erfahrungsprozess. Wenn Sie jedoch Ihren Lernprozess erkennen bzw. die Erkenntnis erhalten, dann können Sie sich so manche negative Erfahrung sparen.

Nun kommt jemand und sendet Ihnen Energie, ohne dass der Erkenntnis- oder Erfahrungsprozess abgeschlossen ist. Was passiert? Sie werden von Ihrem Ausgangspunkt weggeschoben. Ihre eigene Seele schiebt Sie aber wieder genau an den Ausgangspunkt zurück, da Sie ja etwas lernen oder erkennen sollen. Darum ist es so wichtig, zu schauen, was ansteht. Was sollen Sie aus der Situation, in der Sie sich gerade befinden, erkennen? Was ist der Lernprozess? Denn wenn Sie diesen nicht realisieren, dann werden Sie den Erfahrungsweg durchlaufen. Und dieser dauert in der Regel viel länger. Das heißt aber auch, dass Sie so lange mit ähnlichen Situationen konfrontiert werden, bis Sie Ihren Lernprozess abgeschlossen haben. Somit durchlaufen Sie ständige Déjà-vu-Erlebnisse und stecken fest. In dem Augenblick, in dem Sie aber erkennen, warum und weshalb Sie in dieser Situation feststecken, können Sie die Déjà-vu-Schleife durchbrechen.

Schickt jemand nur Energie, wird sich die Ursache des Problems nicht einfach auflösen. Die Ursache bleibt weiterhin bestehen und aktiv, das Leben wird Ihnen erneut eine ähnliche Situation präsentieren. Diejenige Person, welche die Energie schickt, verschiebt das Problem zeitlich in die Zukunft, wenn der Erkenntnis- oder Lernprozess nicht stattfindet. Und das wäre eine klassische Fehlbehandlung. Obwohl die Person nur helfen wollte. Dennoch schützt Unwissenheit vor Schaden nicht. Die Auswirkungen kommen zeitversetzt.

Eine liebe Kundin, der ich hier den Namen Martina gebe, kam zu mir und sagte, es ginge ihr nicht gut. Ich bin in ihre Energie gegangen, habe mich erstmal reingefühlt und spürte, was mir mein Körper mitteilte. Schon nach kurzer Zeit bekam ich Unterbauchschmerzen und es kam die Info von Ihrem »Höheren Selbst«, dass sie Fehlbehandlungen habe. Als ich nachforschte, was sie denn gemacht hat, teilte sie mir mit, dass sie eine Heilsitzung für ihr Inneres Kind hatte machen lassen. Ich sah während der Flügelarbeit, dass Anteile von ihr richtiggestellt wurden. Sie erzählte mir, dass sie ein Geburtstrauma hatte und die Therapeutin ihr das Bild bzw. das Trauma energetisch herausgeschnitten hatte und durch ein anderes Bild, als sie etwas älter war, ersetzt hatte.

Was ist dabei passiert? Schauen wir uns das mal genauer an: Die Therapeutin hat einen Teil aus ihrer Zeitlinie entfernt und durch ein anderes Bild ersetzt, in dem Martina drei Jahre alt war. Dadurch hat eine zeitliche Verschiebung der Lebensabläufe stattgefunden. Die Ursache wurde nicht bearbeitet, sondern sozusagen nur herausgeschnitten. Eigentlich hätte die Therapeutin schauen müssen, warum die Kundin in dem Geburtskanal stecken blieb. Was sollte sie daraus lernen? Warum ist das geschehen? Nichts passiert einfach so. Wenn es dort geheilt wird, wo es passiert ist, dann braucht man keine Bilder aus der Zeitlinie eines Menschen schneiden. Das sind klassische Verschiebungen der Zeitlinie. Lebensbilder werden ausgeschnitten und ersetzt. Ich war entsetzt, als ich das hörte. Durch die Flügelarbeit wurde wieder alles richtiggestellt. Alle Fehlbehandlungen wurden gelöst und der Zeitablauf richtiggestellt. Der Bauchschmerz ließ sofort nach und war innerhalb von wenigen Minuten ganz weg.

Das Makabrere daran war, dass mir die Kundin danach noch erzählte, dass die Therapeutin schon mehrere Tumore im Kopf hatte und ihr diese herausgeschnitten wurden. Daraus hätte sie in der Folge Erinnerungslücken. Was für ein Spiegel!

Ich finde es erschreckend, was alles geschieht. Dennoch bin ich mir sicher, dass die Therapeutin nur helfen wollte. Aber vielleicht können Sie nun verstehen, warum ich so vorsichtig mit allem umgehe?

Kapitel 4 – Lebe das, was Du bist, dann wirst Du vor Fülle überfließen

Jede Seele hat ihre eigenen Talente und Fähigkeiten

Jede Seele hat ihre eigenen Talente mitgebracht.
Setzt Du diese bewusst ein,
dann wird Dein Leben voller Erfüllung
und Zufriedenheit sein.
Setzt Du diese nicht ein,
dann hast Du immer ein Gefühl der Unzufriedenheit.
Was sind Deine Talente?

Sigrun Ender

Für uns Menschen ist es normal, dass wir mit Begriffen um uns werfen, wie »Seelenauftrag«, »Lebensauftrag«, »Lebensaufgabe«, »Gabe«, »Fähigkeiten« oder auch »Talente«. Die groben Zusammenhänge kennen wir wahrscheinlich alle. Kennen wir jedoch die feinen Unterschiede? Was ist denn z. B. der Unterschied zwischen einem Talent und einer Gabe? Wissen Sie es? Ich dachte: »Es sind die Fähigkeiten, welche eine Person besitzt.« Was hätten Sie geantwortet?

In einem Channel-Event hat mir Gabriel darauf eine interessante Antwort gegeben, als ich ihn konkret dazu befragte: »Gabriel, was ist denn der Unterschied zwischen einer Gabe, einem Talent und einer Fähigkeit? Kannst Du mir das bitte erklären?«

»*Aber ja, Sigrun*«, hörte ich ihn antworten. »*Die Entstehung einer Seele ist sehr komplex und kompliziert. Daher braucht es viele Engel, die diesen Vorgang überwachen. Du weißt, jede Seele erhält bestimmte Gaben und Talente.*

Die Gaben einer Seele greifen auf den Seelenplan. Der Seelenplan berücksichtigt die Lebenspläne aller Leben. Der Seelenplan ist nach dem göttlichen Plan ausgerichtet, diesbezüglich steht der Seelenplan über den Lebensplänen. Und der göttliche Plan wiederrum über dem Seelenplan.

Zum Seelenplan habt ihr bestimmte Gaben erhalten. Diese verändern sich nie und bleiben immer gleich. Durch bestimmte Ereignisse wird der Seelenruf aktiviert, wie z.B. die Schwingungserhöhung der Erde. Mit dem Seelenruf werden wiederrum eure Gaben aktiviert. Der Seelenruf soll euch an eure Gaben erinnern, denn diese helfen euch dabei, euren Seelenplan zu erfüllen. Die Gaben sind in eurer Identität, also in eurer Lichtlinie und Seelenfamilie, verankert, was schon bei der Entstehung eurer Seele passiert. Je nach Lichtlinie unterscheiden sich demnach auch die Gaben.

Die Talente sucht ihr euch für das jeweilige Leben aus, zur Erfüllung eures Lebensauftrags. Talente sind Leihgaben für das jeweilige Leben, abgestimmt auf den göttlichen Auftrag und den Seelenplan einer Seele. Je nach Leben können sich die Talente verändern. Die Talente bringt eine Seele für jedes Leben bereits mit, wenn die Seele inkarniert. Aufgrund dessen habt ihr sie schon als Kleinkind verankert. Die Seele schmiedet nämlich einen neuen Lebensplan, bevor sie inkarniert. Dementsprechend sucht sie sich die passenden Talente aus, um ihr Lebensziel zu erreichen. Die Talente einer Seele beinhalten unendliches Wissen, welches ihr die Macht gibt, Taten zu vollbringen. Die Tatkraft und das Talent stehen daher in enger Verbindung zueinander. Die Tatkraft wird aktiviert, wenn sich die Person auf dem richtigen Weg befindet und ihre Talente richtig einsetzt. Findet sie keine Motivation in dem, was sie tut, dann hat sie ihre Talente noch nicht entdeckt. Sie setzt sie daher auch nicht ein. Die Talente eignet ihr euch also nicht an, sondern die Seele bringt diese schon mit. Ihr erhaltet somit das passende Talent zu eurem Lebensauftrag und der dazugehörigen Lebensaufgabe, für jedes einzelne Leben. Darum solltet ihr eure Talente, welche ihr für dieses Leben mitgebracht habt, aufspüren. Eure Talente machen euch gute Gefühle. Fragt euch: ›Worin bin ich richtig gut? Wozu passen meine Talente?‹ Danach solltet ihr euren Wirkungskreis dementsprechend auswählen. Dann findet ihr in eure Tatkraft.

Leider vergesst ihr häufig die Talente oder unterdrückt sie, da ihr euch viele Fähigkeiten in einem Leben aneignet. Jedoch müsst ihr wissen: Fähigkeiten habt ihr viele, aber diese machen nicht immer Spaß. Denn eine Seele reift und lernt dazu, indem ihr euch viele Dinge zu eigen macht. Fähigkeiten könnt ihr entwickeln und euch antrainieren.

Darum frage Dich:

- *Warum bin ich hier?*
- *Was ist meine besondere Gabe?*
- *Und welche besonderen Talente habe ich mitgebracht?*
- *Wirkungskreis: Wo kann ich am besten wirken?*
- *Wozu passen meine Talente? Zu welcher Tätigkeit?*
- *Wo kann ich diese am besten einsetzen?*
- *Was kann ich den Menschen geben?*
- *Was ist meine besondere Fähigkeit, um andere Menschen zu berühren?*
- *Was ist mein spezielles Highlight, mit dem ich andere Menschen geistig befruchten kann?*

Ist es nun also eine Gabe, ein Talent oder eine Fähigkeit, ein Erdenengel zu sein? Ich Gabriel, sage Dir, es ist Dein Geburtsrecht. Deine Gabe hat mit dem Geburtsrecht zu tun und ist genau deshalb in Deiner Identität, Deiner Lichtlinie verankert. Damit bist Du erschaffen worden. Denn jede Seelenfamilie stammt aus einer bestimmten Lichtlinie und jede hat andere Gaben und eigene Talente. Daraus entwickeln sie in der Folge ihre eigenen Fähigkeiten, Bräuche und Sitten. Diesbezüglich ist es auch so wichtig, dass jede Seele mit dem richtigen Handwerkszeug arbeitet. Nur damit kann sie ihren Lebensauftrag erfüllen.

Aus der Gabe entsteht die Intuition – das intuitive Handeln. Das Ego und der Verstand unterdrücken die Gabe. Gehen eure Gabe und eure Talente mit euren Fähigkeiten in Einklang, dann seid ihr im Stande, euer volles Potenzial zu entfalten.«

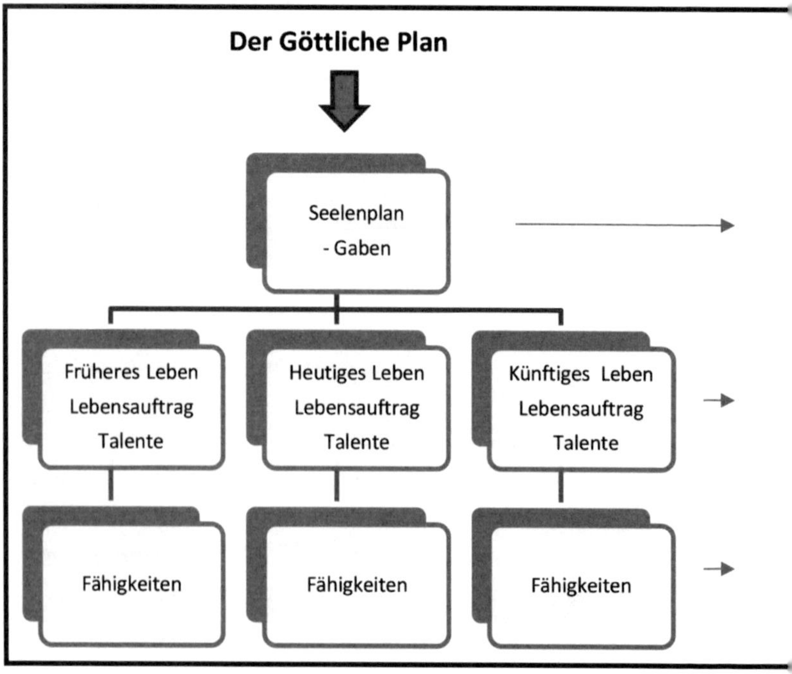

»Das war wirklich eine gute Erklärung, lieber Gabriel«, antwortete ich. »Ich hätte nicht gedacht, dass es so einen großen Unterschied macht.«

Je mehr ich von Gabriel erfuhr, umso mehr wurde mir bewusst, dass ich eigentlich nichts wusste. In den letzten Jahren hatte ich viele Menschen begleiten dürfen, die sich geistig und mental weitergebildet haben. In diesem Moment wurde mir klar, dass nun der Zeitpunkt reif war, in dem wir verstärkt auf die Seele achten müssten. Denn Körper, Geist und Seele sind eine Einheit.

Gerade für die Lichtseelen beginnt jetzt eine wichtige Zeit. Die Seele möchte ihren Seelenplan leben. Tut sie dies noch nicht, wird sie verstärkt versuchen, es zu verwirklichen. Sie macht Druck und versucht uns in die richtige Richtung zu schieben.

	Die Gaben sind in unserer Identität (Lichtlinie) verankert. Der Seelenruf aktiviert die Gaben. Die Gaben greifen auf den Seelenplan (Geburtsrecht).
	Die Talente bringen wir für jedes Leben und den dazugehörigen Lebensauftrag schon mit. Talente sind Leihgaben für das jeweilige Leben.
	Die Fähigkeiten eigenen wir uns im Laufe des Lebens an und können wir dazulernen.

Jede Seele trägt einen Seelenstempel. Es ist ein Merkmal bzw. Siegel, das in der Seele »eingebrannt« ist. Darin sind alle Informationen zum Seelenplan und Seelenauftrag gespeichert. Ebenso finden wir dort das Seelenversprechen, welches wir an Gott unseren Urschöpfer abgegeben haben. Erst dann, wenn die Seele ihren Seelenplan leben kann, kommt sie in die Ruhe – nämlich in ihre Seelenruhe! Bis dahin wird die Seele immer Druck aufbauen, um uns Menschen in die richtige Spur zu schieben, damit wir unseren Seelenauftrag realisieren können. Im Umkehrschluss heißt das: Solange wir Unruhe und Stress haben, befinden wir uns nicht auf unserem Seelenweg! Unser jeweiliger Plan entspricht noch nicht unserem göttlichen Plan.

Auf dieses Thema sollten wir jetzt verstärkt unsere Aufmerksamkeit lenken. Darum fragt euch immer wieder: »Entspricht das, was ich gerade tue oder vielleicht tun möchte, meinem Seelenplan und meinem Seelenauftrag?« Wenn das nicht der Fall ist, ist es an der Zeit, Veränderungen vorzunehmen. Der Druck und das Leid werden sich sonst erhöhen.

Jede Seele hat ihren individuellen Lebensauftrag. Dieser steht in enger Verbindung mit ihrem Lebensweg. Bevor eine Seele inkarniert, sucht sie nach Möglichkeiten, wie Sie Ihren Auftrag für das anstehende Leben am besten realisieren und umsetzten kann. Sie sucht nach Wegen. Daraus entsteht dann ihr individueller Lebensweg, unterstützend zum Lebensauftrag, für das jeweilige Leben. Darauffolgend sucht sich die Seele dann noch die dazu passende Berufung aus, wo sie ihre Talente zum Einsatz bringen kann. Das ist auch der Grund, warum jede Seele ihre Berufung mit Leichtigkeit erledigen kann. Sie ist ihrem Lebensauftrag gewachsen, alle Grundvoraussetzungen sind somit vorhanden. Die notwendigen Fähigkeiten eignet sich die Seele dann im Laufe des Lebens noch an.

Warum tun wir Menschen uns dennoch so schwer unseren Lebensauftrag zu leben? Meistens tragen wir irgendwelche Ängste oder Versagensängste in uns, welche wir allerdings eigentlich gar nicht haben müssen. Wir können das! Wir haben die notwendigen Talente und sind mit allem ausgestattet, was wir benötigen. Versagen können wir nur, wenn wir uns auf dem falschen Weg begeben, denn dann passen unsere Talente und Fähigkeiten nicht zu unserem individuellen Lebensweg. Erst dann versagen wir.

Wenn Sie also das Gefühl haben, Sie sind nicht gut in dem, was Sie gerade tun, dann ist das keinesfalls Ihr Lebensweg. Dann befinden Sie sich auf einem Weg, der nicht zu Ihnen gehört. Vielleicht hat sogar jemand anderer zu Ihnen gesagt, Sie sollten diesen Weg gehen? Dann kann es sein, dass Sie sich auf dem Weg dieser Person befinden. Der gewünschte Erfolg wird sich so nicht einstellen oder Sie glücklich machen, wenn die Tätigkeit nicht Ihrem Lebensauftrag entspricht. Das heißt nicht, dass Sie nicht in einem anderen Bereich talentiert sind. Ganz im Gegenteil. Sie müssen nur den richtigen Bereich und den passenden Wirkungskreis finden. Denn jeder Mensch und damit jede Seele wurde von Gott unserem Urschöpfer mit besonderen Gaben und Talenten ausgestattet. Allerdings sollten diese mit Ihrem Lebensplan, Ihrem Lebensauftrag und Ihrer Berufung in Einklang gehen. Dann funktioniert es auch.

Das Leben mit den Engeln ist ein Abenteuer. Denn wenn Sie mir Botschaften übermitteln, ist es für mich ein himmlisches Geschenk und zugleich ein Gesetz, diese zu befolgen. Mir wurde klar, dass auch ich, Sigrun, mit einem himmlischen Auftrag hierhergekommen bin. Würde ich die himmlischen Informationen der Engel nicht befolgen, dann würde ich meine eigenen gechannelten Botschaften anzweifeln. So werde ich selbst vielfach vor neue Herausforderungen gestellt. Ich erhalte Tests, die mich auf die Probe stellen. Diese Tests zeigen den Engeln, wie weit ich in meiner Entwicklung fortgeschritten bin, wie standfest ich sein kann. Das empfinde ich sehr häufig als eine große Herausforderung, die es zu bewältigen gilt, da ich jedes Mal erneut meine Komfortzone verlassen muss. Im Nachhinein stelle ich allerdings fest, dass meine Sorge oder meine Ängste umsonst waren. Die Testphasen und Herausforderungen enden immer gut für mich.

Deswegen kann ich Ihnen nur Mut zusprechen, neue Dinge zu versuchen und auf die Engel zu hören. Mein Leben hat sich um ein Vielfaches zum Positiven verändert. Ich habe aufgehört zu kämpfen und gelernt zu empfangen. Denn wenn wir Menschen in das Empfangen gehen, können wir das anziehen, was jedem von uns und unserer Schwingungsebene entspricht. Dann führt das Leben uns alles zu, was wir brauchen und was wichtig für uns ist.

Hierzu möchte ich Ihnen eine kleine Geschichte erzählen:

Eine Kundin kam vorbei. Sie war ziemlich deprimiert und unglücklich in ihrem Job. Sie erzählte mir, dass sie tun und machen könne, was sie wolle, sie komme einfach nicht weiter. Alles, was sie angehe, ende immer nur in einem begrenzten Erfolg und somit folge auch nie der Durchbruch, welchen sie sich wünschen würde. Mit ihrer Kraft und ihrer Lust sei sie am Ende angekommen.

Ich machte Flügelarbeit bei ihr und sah, dass sie ihre Talente unterdrückt. Es fühlte sich wie ein Panzer um ihre Brust bzw. Herzgegend an und ich spürte am ganzen Körper den Frust und die Unlust, die sie in sich trug.

Die Flügel wischten und strichten stark am Herzbereich und plötzlich ging ihr Herz-Chakra auf. Ich konnte erkennen, dass sie ihre Talente gar nicht lebte. Denn ihr Herz sagte, dass sie Dinge mache, die nicht zu ihren Talenten passen würden. Es sagte mir, dass sie sehr kommunikativ sei, dass sie Flexibilität liebe und den Umgang mit den Menschen brauche. Sie sei sehr feinfühlig, empathisch und sozial. Sie liebe die Natur und die Freiheit, sagte es mir. Und doch sitze sie allein in einem Büro, als Fachangestellte. Das mache sie krank und depressiv.

Als ich ihr das sagte, liefen auch schon die Tränen über ihr Gesicht. Es war so eine Erleichterung für die Kundin. Sie sagte: »Endlich bestätigt mich jemand. Denn immer, wenn ich mich verändern möchte, raten mir alle davon ab. Sie sagen: ›Du hast doch so einen guten und sicheren Job. Du kannst doch nicht kündigen!‹«

Der Job mag gut sein, aber halt nicht für diese Person. Sie war äußerst unglücklich und konnte ihre Talente nicht zum Einsatz bringen. Ihre Gefühle sagten Ihr sehr deutlich, dass es an der Zeit wäre, sich neu zu orientieren.

Es lässt sich genau erkennen, dass diese Person in einem Büro niemals glücklich werden wird. Ihr fehlt die Abwechslung, der Umgang mit Kunden, die Freiheit und Flexibilität. Leider ist es oft unser eigenes Umfeld, welches uns von unserem Glück abhält. Doch auch wenn die Personen es höchstwahrscheinlich nur gut mit Ihnen meinen, kennt keine von diesen Ihren Lebensplan, Ihren Lebensauftrag sowie Ihren Lebensweg. Sie können Ihnen meist nur aus ihrer menschlichen Sichtweise mitteilen, was sie selbst gutheißen. Das, was aber für Sie richtig wäre, sieht fast keiner von ihnen. Darum frage ich schon lange nicht mehr mein Umfeld um Rat. Denn grundsätzlich verstehen die meisten Personen die Hintergründe eh nicht. Verstandsmenschen schon gleich gar nicht. Stattdessen mache ich Flügelarbeit, damit ich meinen Weg finden kann.

Wenn Sie unglücklich sind, dann forschen Sie nach Ihren Talenten. Stellen Sie sich all die Fragen aus dem vorherigen Kapitel: Was können Sie denn gut? Was sind Ihre besondere Gabe und Ihr Talent? Suchen Sie danach! Sie werden erstaunt sein, was Sie finden.

Denn wie Gabriel sagt:

»Lebe das, was Du bist,
erst dann wirst Du vor Fülle überfließen!«

Welche Schlüsse können Sie daraus ziehen? Hören Sie auf das, was Ihre Gefühle Ihnen vermitteln möchten. Ein gutes und leichtes Gefühl signalisiert Ihnen, dass Sie auf dem richtigen Weg sind. Ein negatives Gefühl warnt Sie vor etwas. Achten Sie des Weiteren auf wiederkehrende Gedanken, denn auch diese zeigen Ihnen den Weg und möchten sie auf etwas aufmerksam machen. Ihre spirituellen Führer und Helfer, Ihr »Höheres Selbst«, Ihr Geistführer sowie Ihr Unterbewusstsein sind alle darauf ausgerichtet, Sie zu unterstützen. In dem Moment, in dem Sie sensibler auf diese Zeichen achten, werden sich die Signale verstärken. Die Zeichen werden immer deutlicher.

Auch von außen erhalten Sie häufig Zeichen. Wenn Sie sich dafür öffnen, können Hinweise aus allen Richtungen kommen. Es kann sein, dass Sie das Radio oder den Fernseher einschalten und genau in diesem Moment kommt ein Hinweis. Oder, dass Sie jemanden treffen und er fängt genau über das Thema an zu sprechen, worüber Sie grübeln. Es gibt so viele Möglichkeiten, die Zeichen zu erkennen. Voraussetzung ist aber, dass Sie sich dafür öffnen und Ihre Wahrnehmung schärfen.

Die magischen Worte von Gabriel – wie werde ich zum Schöpfer meines Lebens?

Warum geraten wir vielfach in Situationen im Leben, die wir nicht möchten? Die dazu führen, dass wir leiden, dass es uns schlecht geht? Wie kann ich bewusster werden mit dem, was ich erschaffe? Wie kann ich die Abwärtsspirale wieder umdrehen, in der ich mich vielleicht gerade befinde?

All das sind Fragen, die ich mir immer wieder gestellt habe. Gingen Ihnen diese Fragen auch schon durch den Kopf? Wissen Sie, dass ein Mensch ca. 60.000 Gedanken am Tag denkt? Das müssen Sie sich mal vorstellen. Wie soll es uns da nur gelingen, bewusst zu erschaffen? Und dennoch hat mich diese Frage nicht losgelassen. Wir Menschen handeln laut Studien ca. 95 % aus dem Unterbewusstsein heraus und nur etwa 5 % aus dem Bewusstsein. Wenn es uns nur ein klein wenig besser gelingen würde, bewusster zu sein, dann könnten wir sehr viel in unserem eigenen Leben bewirken.

Ich war an einem Punkt angekommen, an dem ich die volle Verantwortung für mein Leben übernehmen wollte. Daher machte ich mir Gedanken, was ich tun könnte, um das zu erreichen. Ich wollte niemandem mehr die Schuld für etwas geben. Den Punkt hatte ich schon längst überschritten. Ich wusste inzwischen sehr genau, dass ich die alleinige Schöpferin meines Lebens bin. Doch wie konnte ich das verbessern? So etwas lehrt uns leider niemand in unserer Schulzeit. Dabei wären gerade das äußerst wichtige Themen, die uns unser ganzes Leben helfen würden. Tausendmal mehr als all die vielen Formeln, die man sowieso wieder im Laufe der Zeit vergisst. Die Frage ging mir nicht mehr aus meinem Kopf. Mir war klar, ich musste mit Gabriel sprechen.

Abermals rief ich ihn und fragte: »Lieber Gabriel, wie können wir Menschen denn bewusst das erschaffen, was wir uns wünschen?«

»Sprecht meine Worte: Freude! Freude! Freude! ... Das ist mein himmlischer Ruf – mein Engelsruf!«, antwortete er. *»Ich bin Erzengel Gabriel, der Engel der Wiedergeburt und der Neuerschaffung. Wenn ihr Neues erschaffen wollt, ist es sehr wichtig, dass ihr das aus einem guten und schönen Gefühl heraus tut. Wie im Himmel, so auch auf Erden. Wir Engel achten sehr bewusst darauf, aus welcher Emotion wir Neues erschaffen. Denn aus guten Emotionen, sei es aus Freude oder auch aus Glücksgefühlen heraus, kann nur Gutes entstehen.*

Ihr Menschen achtet zu wenig auf eure Emotionen und Gedanken. Ihr erschafft unbewusst Situationen, die euch belasten. Wenn ihr jedoch wisst, wie ihr bewusst erschaffen könnt, dann seid ihr in der Lage, euer Leben besser zu gestalten. Ihr könnt dann Schöpfer des eigenen Lebens werden. Darum, liebe Sigrun und all meine lieben Freunde, möchte ich euch in diesem Kapitel mitteilen, wie ihr bewusst erschaffen könnt!«

»Lieber Gabriel, erschaffen kann jeder! Doch wie erschaffe ich das, was ich mir wünsche?«

»Ihr solltet euch vorher folgende Fragen stellen:

- *Was will ich erschaffen?*
- *Welche Energie ist dafür nötig?*
- *Wie muss ich manifestieren?*

Manifestieren heißt vor allem, die richtige Schwingung zu investieren! Es geht beim Erschaffen ausschließlich um die Energie und Schwingung! Das heißt konkret:

Überlege Dir erst einmal, was Du erschaffen möchtest. Dazu ist es notwendig, abzuklären, ob es Deinem Lebens-

weg und Deinem göttlichen Plan entspricht. Des Weiteren solltest Du Dich fragen, ob es auch zu Dir als Erdenengel passt. Sonst kann es sein, dass sich das nur Dein Ego wünscht und es gar nicht Deinem Lebensweg entspricht. Arbeite am besten mit Deinem inneren Pendel. So kannst Du alle Fragen klären.

Welche Energie ist dafür notwendig? Aus welcher Energie möchtest Du etwas Neues erschaffen? Daher achte darauf, dass Du gut gelaunt bist. Denn aus negativen Emotionen kann nur Negatives entstehen. Aus Stress kann nur Stress entstehen. Aus Frust kann nur Frust entstehen. Aus Freude kann nur Freude entstehen!

Wie musst Du manifestieren?

- *Achte auf Dein gutes Gefühl.*
- *Nun spreche Deinen Wunsch.*
- *Und dann spreche 3x meine magischen Worte: Freude, Freude, Freude!*

So wirst Du zum Schöpfer Deines eigenen Lebens!

Jetzt versteht ihr, warum ich immer ›Freude, Freude, Freude‹ rufe. Denn Freude ist wie Blumendünger für euer Leben. Freude bringt vieles zum Erblühen. Schöne Worte haben eine positive Energie und damit geht ihr in eine positive Manifestation. Denn zuerst kommt der Gedanke, dann das gesprochene Wort, danach manifestiert und danach realisiert es sich. Also, wenn ihr immer wieder laut ›Freude, Freude, Freude‹ ruft, dann kann sich nur Freude in eurem Leben manifestieren.

Jede Person, die meine Worte spricht oder ausruft, wird gehört. Alle Engel und Lichtwesen kennen diesen Ruf und wissen, dass ihr, die das tut, mit mir Gabriel in Verbindung steht. Sollte daher euer Ruf ›Freude, Freude, Freude‹ erklingen, werden alle Lichtwesen aufblicken und sich mit euch erfreuen. Das heißt, je mehr Menschen meinen Engelsruf aussprechen, desto schneller kann sich die Freude auf der Erde aktivieren und manifestieren. Da es gerade sehr viel Leid auf der Erde gibt, ist dies eine Möglichkeit, die Abwärtsspirale wieder umzudrehen. Für jeden einzelnen Menschen, aber auch für die ganze Erde. Darum sprecht, singt und schreit meine magischen Worte! Je lauter, umso besser!

Darum meine Lieben, wünsche ich euch von Herzen: Freude, Freude, Freude!«

Die unterschiedlichen Arten, Botschaften zu empfangen

Es gibt die unterschiedlichsten Möglichkeiten, himmlische Botschaften zu empfangen. Ich werde häufig gefragt, wie ich denn die himmlischen Botschaften empfange. Die darauffolgende Frage ist meistens, ob man denn selbst auch das Channeln erlernen kann. Das ist eine gute Frage, finden Sie nicht auch?

Wie Sie bereits wissen, habe ich im Jahr 2003 an einer Channel-Ausbildung teilgenommen. Ich hatte enorm Respekt davor, da man mit den Botschaften jemanden unterstützen, aber auch aus der Bahn schießen kann. Die Gefahr beim Channeln ist nämlich, dass die Botschaften nicht von himmlischen Lichtwesen kommen könnten, sondern von dem Ego des Channelmediums. Und das ist äußerst gefährlich. Denn das Ego leitet uns allzu häufig auf Fehlwege. Ich sage immer scherzhaft: »Unser Ego ist unser Willi – ich will.« Das Ego möchte dieses und jenes haben. Aber das muss noch lange nicht unserem Lebensplan entsprechen. Ist das Ego sehr dominant, dann wird es die Führung übernehmen. Es leitet uns unbewusst zu dem, was es haben und realisieren möchte.

Dennoch brauchen wir ein gesundes Ego, damit wir unsere Ziele erreichen können. Ich traue mich zu sagen, dass wir Menschen nicht im Stande sind, einfach so zu unterscheiden, welche Botschaft vom Ego und welche Botschaft von den himmlischen Lichtwesen oder den Engeln kommt. Darum hatte ich selbst meine Botschaften erst mal drei Jahre aufgeschrieben, bevor ich irgendetwas nach draußen gab. Denn ich wusste, dass alles, was ich aussende, zu mir zurückkommt. Jeder von Ihnen kennt das Gesetz von »Ursache und Wirkung«.

Ich durfte erfahren, wie wichtig es ist, bedacht und vorsichtig damit umzugehen. Und ich empfehle niemanden eine Ausbildung zu machen, wenn die Basis noch nicht vorhanden ist. Gabriel empfahl mir, abzufragen, ob es dem göttlichen Plan dieser Person entspricht, wenn ich diese Person im Channeln ausbilde. Denn würde das zu früh passieren, dann kann die Person mehr Schaden anrichten, als sie Gutes tut ... und das unbewusst. Wenn das geschieht, dann besteht nämlich die Gefahr, dass die Person selbst Schaden erleidet.

Wenn ich Personen ausbilde, kündigt sich der richtige Zeitpunkt meist von allein an. Sobald eine gewisse Grundbasis vorhanden ist, kommen plötzlich und unerwartet kurze Botschaften von den Engeln. Dafür ist es aber notwendig, dass die entsprechende Person bereits an sich viele Themen bearbeitet und gelöst hat. Dazu gehörten ein gewisses Grundwissen, Handwerkszeug und auch Selbstheilung. Je freier die Person von Belastungen (körperlich, geistig, seelisch und energetisch) ist, umso leichter wird es, himmlische Botschaften zu empfangen. Ich bin der Meinung, dass es sehr schwer ist zu unterscheiden, woher die Botschaften kommen. Ein Teil meiner LebensCoach-Ausbildung beinhaltet, in einer Energie-Aufstellung den Geistführer, das Höhere Selbst, das Ego und das Unterbewusstsein aufzustellen und in Harmonie und Einklang zu bringen. Hierbei kann man sehr gut erkennen, wer hier das Sagen hat. Leider ist es sehr häufig das Ego, welches das Kommando übernimmt. Die Teilnehmer sind jedes Mal auf das Neue schockiert, wie uneinig sich die eigenen Anteile sind. Wird hier eine Balance zwischen dem Geistführer, dem Ego, dem Unterbewusstsein und dem Höheren Selbst wiederhergestellt, dann tritt ein wundervoller innerer Frieden ein.

Genau aus dem Grund arbeite ich auch immer wieder an mir selbst. Denn wenn ich energetische Belastungen habe, bin ich manipuliert. Und wenn ich manipuliert bin, können die Botschaften von den himmlischen Lichtwesen (Engeln, Meister etc.) nicht ankommen. Dann geschieht es leicht, dass das Ego sich einschaltet.

Nun möchte ich Ihnen aber gerne mitteilen, wie ich himmlische Botschaften empfange:

Ich selbst kann bewusst Kontakt zu den Lichtwesen, den Engeln oder Gott unserem Ur-Schöpfer aufnehmen. In meiner Ausbildung habe ich eine bestimmte Vorgehensweise gelernt, mich mit den Lichtwesen zu verbinden. Das funktioniert sehr gut. Wenn aber umgekehrt aus der himmlischen Welt jemand Kontakt zu mir aufnehmen möchte, dann höre ich ein Morsezeichen in meinem Ohr. Die Botschaften kommen in unterschiedlichster Form. Vielleicht denken Sie, man würde eine Stimme hören, die mit einem spricht? Bei mir ist das aber vollkommen anders. Ich höre nicht die Stimme, sondern die Botschaft kommt meist in Form von Gedanken. Die Gedanken kommen aber, je nach Engel, in ganz unterschiedlicher Form. Manchmal so schnell, dass ich es nur nachsprechen kann, dann wieder so ruhig und bewusst, dass ich es sogar aufschreiben kann. Oft kann ich für einen Bruchteil einer Sekunde verstehen, was mir der Engel sagen möchte. Das dann allerdings in Worte zu fassen, ist gar nicht so einfach. Ab und an fehlen mir die menschlichen Worte dazu, obwohl ich den Inhalt und den Radius der Botschaft verstanden habe. Für mich ist das dann eine Form des Hellwissens. Manchmal sehe ich auch einen Schriftzug oder ein Bild, so dass ich die gesamten Zusammenhänge verstehen kann. Ich persönlich empfinde es als eine Mischung aus Hellsehen, Hellwissen, Hellfühlen und Hellhören. Es kommen über mehrere Kanäle Informationen, die ich dann wahrnehme. Oft sind die himmlischen Botschaften mit emotionalen Reaktionen verbunden, welche mich gerade nach wichtigen Erkenntnissen überwältigen. Plötzlich fließen die Tränen vor Rührung oder Mitgefühl. Aber auch Gänsehaut am ganzen Körper sind Signale.

Darum achten Sie bewusst auf Ihre Gedanken. Sollten auch Sie Antworten und Erkenntnisse in Form von Gedanken bekommen, die Sie plötzlich und unvorbereitet erhalten, dann kann das auch eine himmlische Botschaft sein. Häufig beginnt es mit ein paar Worten und daraus werden dann Sätze.

Wenn Sie vielleicht mit spirituellen Techniken schon etwas geübter sind, können Sie auch Ihr »Höheres Selbst« fragen, ob es sich um eine himmlische Botschaft handelt. Wenn Sie Zweifel haben, ob die Info jetzt wirklich eine himmlische Botschaft ist, dann stellen Sie die Frage: »Mein liebes Höhere Selbst, ist das mein Wunschdenken?« Oder: »Liebes Höhere Selbst, kommt die Nachricht von meinem Ego?« Oder: »Handelt es sich wirklich um eine himmlische Botschaft?« Dann schauen Sie, was Ihr inneres Pendel sagt. So wie ich es Ihnen in Kapitel 3 (Praxisübung – das innere Pendel) erläutert habe. Auf diese Arte und Weise kläre ich es für mich ab. Das gibt mir Sicherheit.

Ich habe allerdings auch schon von anderen Personen gehört, dass ein Medium in Trance gefallen ist und nicht mehr ansprechbar war. Das habe ich in dieser Art noch nie erlebt. Ich bin voll bei Bewusstsein und fühle mich ganz klar. Allerdings habe ich ein Handwerkszeug bzw. eine Technik gelernt, wie ich Kontakt zu den himmlischen Wesen aufnehme und wie ich mich verbinden muss, um die Botschaften zu empfangen. Denn gerade beim Channeling, wie auch bei jeder anderen energetischen Heilarbeit, ist es enorm wichtig, sich zu schützen und sich richtig zu verbinden.

Channelings mit den himmlischen Lichtwesen sind immer sehr liebevoll. Wenn ich mich mit den Engeln verbinde, ist die Energie sehr beruhigend und friedvoll. Meine beiden kleinen Hunde legen sich dann immer ab und schlafen in kürzester Zeit ein. Man sieht ihnen an, wie sie die Energie genießen. Engel sind sehr geduldig mit uns. Egal mit welchem Engel ich gechannelt habe, sie waren jedes Mal voller Geduld und Liebe. Wenn ich etwas nicht gleich verstehe, erklären sie es mir auch dreimal, wenn es sein muss. Sie geben mir irdische Beispiele, damit ich es nachvollziehen kann. Ein Engel ist nie unfreundlich oder böse! Sollten Sie schon mal unfreundliche Nachrichten erhalten haben, dann waren diese sicherlich nicht von einem Lichtwesen. Die Nachrichten der Engel oder der anderen Lichtwesen sollen uns im Alltag unterstützen. Sie geben uns Tipps und Hilfestellung. Aber Umsetzen und Handeln müssen wir dennoch selbst.

Dazu ein kurzes Beispiel: »Die Engel machen das schon für mich. Ich habe es alles an die Engel abgegeben.« Das sind Worte, die mir immer wieder zu Ohren kommen. Es ist ein Irrglaube, wenn Sie denken, Sie müssen gar nichts tun. Natürlich stehen uns die Engel bei, sie leiten uns und geben Hinweise, um uns zu unterstützen. Aber Handeln und Umsetzen müssen wir schon selbst. Sonst geben wir die Verantwortung ab und es wird nichts passieren. Denn Erkenntnisse sollten auch im Nachgang zu Handlungen führen. Und handeln wir wie immer, dann werden wir auch das gleiche Ergebnis erzielen. Darum ist eigenverantwortliches Handeln sehr wichtig. Sonst lernen wir nichts dazu.

Bis Du die Engel gefunden hast,
ist es oft ein schmerzhafter Weg.
Doch wenn Du sie gefunden hast,
dann beginnt ein wundervoller Weg!

Sigrun Ender

Wie baue ich eine Beziehung zu den Engeln auf?

Engel sind für mich etwas Wunderbares. Doch viele Menschen finden leider den Zugang nur schwer oder wissen nicht so recht, wie sie mit ihnen in Kontakt treten sollen. Dabei ist das gar nicht schwierig. Gabriel hatte mich oft darauf hingewiesen, dass ich die Engel wie gute Freunde behandeln soll. Sie möchten nicht angebetet oder angehimmelt werden. Das liegt ihnen fern. Sie möchten ein freundschaftliches Verhältnis zu uns Menschen, damit wir uns freuen, wenn sie Kontakt zu uns aufnehmen. Denn wenn wir Menschen die Engel auf ein Podest stellen, dann wird es für uns um ein Vielfaches schwerer, mit ihnen in Kontakt zu treten. Dann machen wir uns klein, wir heben sie in eine andere Ebene. Sehen wir sie als Freunde, dann befinden wir uns in etwa auf der gleichen Schwingungsebene wie sie. Wir erbauen dadurch eine Brücke in die himmlische Welt.

Sprechen Sie mit den Engeln normal. Sie brauchen dazu weder ein Ritual noch sonst etwas. Wenn Sie einen guten Freund anrufen, dann praktizieren Sie vorher auch kein Ritual. Je respektvoller und liebevoller Sie mit den Engeln umgehen und kommunizieren, umso lieber und häufiger werden Sie Unterstützung von ihnen erhalten.

Jeder Engel hat sein Aufgabengebiet und viele Menschen fragen mich: »Wie weiß ich denn, welchen Engel ich rufen soll?« Dabei haben mir persönlich die Engelskarten sehr geholfen. Ich habe täglich eine Engelskarte für mich gezogen und dadurch bin ich immer vertrauter mit den Namen und deren Aufgabenbereich geworden. Wenn Sie unsicher sind, dann können Sie auch darum bitten, dass Ihnen der Engel helfen soll, der für Ihr Problem zuständig ist. Dann fühlt sich schon der richtige Engel angesprochen.

Nebenbei bemerkt, Ihr Schutzengel freut sich sehr, wenn Sie öfters mit ihm kommunizieren. Stellen Sie sich nur mal vor, wie viele Schutzengel es gibt, die über unzählig viele Jahre eine Person begleiten und diejenige nie ein Wort mit ihm spricht. Wie langweilig muss es für den Schutzengel dieser Person sein? Darum haben Sie keine Scheu. Ihr Schutzengel freut sich in Übermaßen, wenn Sie mit ihm sprechen. Das ist das schönste Geschenk, was Sie Ihrem Schutzengel machen können!

Alles, was die Engel sich wünschen, ist unsere Dankbarkeit und unseren Auftrag. Denn ohne Auftrag dürfen sie nicht für uns handeln. Das oberste Gebot ist unser freier Wille. Und diesen müssen sie beachten. Darum bitten Sie die Engel freundlich um Hilfe und danach bedanken Sie sich bei Ihnen. Das ist alles und ist so einfach. Es braucht keine komplizierten Rituale, um Engel um Hilfe zu bitten. Und auch wenn es nicht gleich funktioniert, sollten Sie nicht aufgeben. Vertrauen Sie darauf, dass die Engel Sie unterstützen.

Kapitel 5 – Wertvolle Zusatzinformationen

Das Zeitgitternetz der Erde

An einem ErdenEngel-Coach-Übungstag gab Gabriel den Teilnehmern eine interessante Information zu oben genanntem Thema. Wir Menschen handeln häufig viel zu unbewusst und verschieben z.B. bedenkenlos unzählige Termine. Keiner berücksichtigt, welche Auswirkungen das auf unser Leben haben könnte. Ich fand es sehr interessant, deswegen möchte ich die Botschaft gerne hier niederschreiben.

Gabriel: *»Es gibt ein Zeitgitternetz, welches die Erde umspannt. Dieses Zeitgitternetz regelt den Zeitablauf der Erde. Ihr habt euch sicherlich schon einmal gefragt: Was ist Raum und Zeit auf der Erde? Dieses Zeitgitternetz umspannt eure Erde, denn auch die Erde unterliegt einem gewissen Rhythmus. Darum gibt es z.B. die Jahreszeiten, die Ebbe und die Flut, Tag und Nacht. Die Erde, die Menschen, alle anderen Lebewesen wie auch die Pflanzen unterliegen diesem irdischen Rhythmus. Alle Ereignisse der Erdenengel sind in dieses Zeitgitternetz eingeflochten, damit gewisse Abläufe zu gewissen Zeitpunkten geschehen. Damit in der Folge, ihr Erdenengel, euren Lebensplan und euren göttlichen Plan minutiös erfüllen könnt. Genau in diesem Zeitraum, wie es für euch geplant ist.*

Ebenso gehört es dazu, dass ihr mit bestimmten Personen zusammentrefft, dass sich eure Wege kreuzen. Es ist ein himmlischer Masterplan! Die Zusammenhänge sind sehr weitläufig und ihr Menschen könnt das nicht begreifen oder in der gesamten Auswirkung ermessen. In dem

Moment, in dem Entscheidungen verändert werden und ihr aus eurem göttlichen Plan (dem zeitlichen Ablauf) heraustretet, muss alles andere erneut angepasst werden. Ihr missversteht, wie wichtig es ist, dass ihr in Eurem göttlichen Zeitplan und auf eurem Lebensweg seid, da sich sonst alles um euch herum neu sortieren muss. Die ganzen Zusammenhänge und Personen, die dafür geplant waren, müssen sich zeitversetzt wiederfinden. In der Folge muss auch für diese Menschen ein neuer Zeitplan gefertigt werden. Damit alle Beteiligten zu einem späteren Zeitpunkt aufs Neue zusammentreffen und der göttliche Plan realisiert werden kann. Die ganze Konstruktion gerät aus dem Gefüge, der ganze Zeitplan in dem Gitternetz verschiebt sich. Die Personen, die ihr treffen solltet, die vorgesehenen Wege ... nichts passt mehr.

Ich, Gabriel, will euch bewusst machen, wie wichtig es ist, bedacht zu handeln. Ihr könnt somit besser verstehen, wie wichtig die zeitlichen Abläufe sind. Es wird um ein Vielfaches leichter, wenn ihr euch die folgenden Fragen stellt:

- *Entspricht das meinem göttlichen Plan?*
- *Entspricht das meinem Lebensweg und meinem Lebensplan?*
- *Wenn ich das tue, wäre das richtig und gut für mich?*

Fragt es ab, denn wenn ihr in eurem Lebensplan seid, dann kommt genau alles zur richtigen Zeit, am richtigen Ort. Es zeigt sich so ganz von allein und kommt von außen auf euch zu. Macht ihr Erdenengel Fehlschritte, verschiebt sich so viel, dass ein neuer Plan entwickelt werden muss. Das verdeutlicht nochmals die Wichtigkeit, dass ihr auf eurem Lebensweg seid, in eurem Lebensplan. Das betrifft nicht nur euch, sondern auch alle beteiligten Personen, die darin involviert sind.

Liebe Erdenengel, wisst ihr, über wie viele Jahre ich, Gabriel, das auf die Minute geplant habe? Dass ihr alle euch zu einem bestimmten Zeitpunkt auf der Erde wiedertrefft und ich euch diese Informationen geben kann, die ihr gerade von mir erhaltet? Dass die Erdenengel erwachen und sich finden? Ich habe das seit vielen Jahren geplant. Jetzt wisst auch ihr, warum Sigrun im Jahr 2001 nicht gestorben ist. Ich, Gabriel, war der Engel, der ihre Seele abgefangen und sie an ihr Seelenversprechen an Gott erinnert hat. Sonst wäre ein Teil des göttlichen Plans zunichte gewesen und sie hätte die Erdenengel nicht erweckt. Je bewusster ihr Erdenengel euch über die Wichtigkeit des göttlichen Plans seid und je mehr ihr erkennt, wie intensiv alles auf das kleinste Detail aufeinander abgestimmt ist, umso mehr versteht ihr den Sinn dahinter. Auch wenn es für euch nur Kleinigkeiten sind, für uns Engel und für den ganzen göttlichen Plan kann das eine große Auswirkungen nach sich ziehen. Gerade, wenn ihr größere Entscheidungen trefft oder wenn es um eure Zukunft geht, solltet ihr bedacht vorgehen. Denn das himmlische Ziel ist es, dass die Erdenengel erwachen und den anderen Menschen helfen. Das ganze Thema, welches mit den Erdenengeln in Zusammenhang steht, liegt im Aufgabenbereich von mir, Gabriel. Ich, Gabriel, habe alles im Blickwinkel, denn ich kann in die Vergangenheit, in die Gegenwart und in die Zukunft blicken. Nun wisst ihr auch, warum ich das können muss, sonst wäre es nicht möglich für mich, den irdischen Zeitplan zu überwachen. Die Verstrickungen, die Zusammenkünfte und die Wege wären nicht zu bewältigen, so dass genau alles zum richtigen Zeitpunkt am richtigen Ort geschieht. Dies ist auch der Grund, warum ich, Gabriel, manchmal in die Vergangenheit zurückreise, um Situationen zu bereinigen – um bestimmte Weichen zu stellen. Diese Weichen muss ich in der Vergangenheit umstellen, weil in der Gegenwart wieder jemand seinen Lebensweg verlassen hat. Es werden neue Wege geschaffen, damit alles wieder sich neu finden kann.

Jetzt ist die Zeit der faulen Kompromisse vorbei, darum trefft keine voreiligen Entscheidungen. Fragt euch besser immer wieder: ›Entspricht das der göttlichen Ordnung? Entspricht das meinem Lebensweg und Lebensplan? Wenn ich das tue, wäre das richtig und gut für mich?‹ Fragt: ›Lieber Gabriel, ist das richtig, wenn ich das tue?‹ Dadurch könnt ihr Fehlentscheidungen verhindern, denn oft stehen Dinge an, welche ihr noch nicht absehen könnt. Wenn das geschieht, muss der Himmel bzw. wir Engel umdisponieren. Ich, Gabriel, bin euer himmlischer Coach und ich gebe euch allen gerne Antworten. Ich hoffe, dass ihr nun ein klein wenig ermessen könnt, dass Kleinigkeiten ganz große Auswirkungen haben können. Je besser ihr das wahrnehmt, umso gezielter könnt ihr darauf einwirken, dass sich das himmlische Ziel schneller einfindet. Wisst ihr, es ist schon belastend, wenn sich junge Seelen nicht auf ihrem Weg einfinden, aber wenn die Lichtseelen dagegenhandeln, die hier sind, um die jungen Seelen zu lehren, dann sind die Auswirkungen natürlich um ein Vielfaches größer.

Infolgedessen ist es umso wichtiger, dass die Erdenengel sich in den göttlichen Plan und in das besagte Zeitgitternetz einfügen. Das Leben der Erdenengel ist in dieses besagte Zeitgitternetz mit eingewoben. Es ist alles himmlisch geplant. Alles auf der Erde unterliegt einem zeitlichen Ablauf. So ist es auch bei den Erdenengeln. Verschiebt sich dieser Zeitplan, verschiebt sich alles in die Zukunft. Jede Entscheidung hat seine Auswirkung. Nichts verschwindet einfach so im Universum. Das verdeutlicht die Wichtigkeit eurer Handlungen und deren Auswirkungen.

Ich, Gabriel, möchte mich bei den Erdenengeln und bei allen anderen Lichtwesen bedanken, die mithelfen, das göttliche Ziel zu realisieren. Außerdem hoffe ich, dass ihr den göttlichen Plan nun etwas besser verstehen könnt. Ich wünsche euch allen eine wundervolle Zeit und ich werde abermals als euer himmlischer Lehrer fungieren. Wenn ihr mich braucht und ihr nicht weiterwisst, dann ruft mich, ich werde euch helfen. Ich finde immer eine Möglichkeit, auch wenn ihr diese nicht seht. Denk daran, ich habe die Gabe, in die Vergangenheit, in die Gegenwart und in die Zukunft zu blicken. Deswegen finde ich immer einen Weg. Ich wünsche euch eine wundervolle Zeit und ganz viel Freude, Freude, Freude.«

Mir wurde in diesem Augenblick bewusst, wie allumfassend der göttliche Masterplan ist. Ich traue mich mal zu behaupten, dass keiner von uns Menschen diesen Plan ermessen und erfassen kann.

Sicherlich ist es uns nicht möglich, alles und jede Kleinigkeit abzufragen und zu kontrollieren. Ich denke, so ist es auch von Gabriel nicht gemeint. Sonst würden wir unsere Unbeschwertheit und Leichtigkeit verlieren. Und das wäre auch nicht gut. Aber wenn wir bei wichtigen Entscheidungen seinen Rat befolgen, dann hilft uns das, weniger Fehlwege zu gehen.

Schwingungserhöhung auf der Erde – wie wirkt sich diese aus?

Ich möchte gerne nun eine Botschaft vom 16.03.2020 einfügen, die ich erhalten haben. Es war die Anfangszeit der Corona-Pandemie. Gabriel gab mir hier eine Info für alle Erdenengel:

»Meine lieben Erdenengel, es ist nun die Zeit gekommen, welche ich euch immer angekündigt habe. Viele Lichtseelen mit einem ›höheren Bewusstsein‹ sind bereits auf der Erde und weitere werden noch auf die Erde kommen. Sie helfen dabei die Menschen in die 5. Dimension zu führen. Sie sind da, um den Menschen ein neues Bewusstsein zu vermitteln.

In den letzten Jahren sind schon viele Lichtseelen erwacht, die bereits auf allen Ebenen wirken und einen großen Beitrag leisten. Das ist wundervoll. Sie wirken in der Stille und haben in der Vergangenheit schon Großes erreicht. Ihr müsst jedoch wissen, dass der Sprung in die 5. Dimension nur über das geistige Bewusstsein stattfinden kann, darum werden in großem Umfang spirituelle Lehrer benötigt. Das ist auch der Grund, weshalb in den letzten Jahren die Anzahl der spirituellen Coaches, Lehrer und Heiler stetig zugenommen hat. Sie sind hier, um das göttliche Wissen und die Wahrheit zu vermitteln. Wer den Quantensprung vollziehen möchte, muss sein altes Wissen verlassen und das neue Wissen annehmen.

Jetzt ist die Zeit gekommen, in der das Erwachen in eine größere Masse geht. Die Veränderungen betreffen das Wohlergehen der ganzen Welt. Das Coronavirus dient dazu, dass ein Erwachen stattfindet. Darum ist es auch ein globaler Virus, der die ganze Erde betrifft. So schlimm wie die Situation für euch ist, so hilfreich ist sie aber für euer Erwachen.

Ihr Seelen lernt durch die Erkenntnis oder durch die Erfahrung. Und negative Erfahrungen oder auch Schicksalsschläge fördern das spirituelle Erwachen. Je größere Reichweite ein Schicksalsschlag oder ein Leid hat, desto mehr Menschen werden dadurch aufwachen. Zu viel Menschen gehen schon sehr lange zu nachlässig mit ihrem Planeten um. Ihr wurdet immer wieder darauf hingewiesen, dass ein Überleben ohne ihn nicht möglich ist. Nun versteht ihr vielleicht auch, warum es die Lichtarbeiter hier auf der Erde dringend braucht. Sie sind alle da, um zu heilen. Nicht nur die Lebewesen, die sich darauf befinden, sondern auch die Mutter Erde.

Wir Engel hoffen, dass die Menschen schnell erwachen, damit der Virus seinen Zweck erfüllen und wieder gehen kann. Er dient nämlich nur als Mittel zum Zweck. Wenn ihr das versteht, dann wisst ihr alle, was zu tun ist. Hütet und beschützt eure Erde. Geht achtsam miteinander um und hört auf, euch zu bekriegen.

Ziel ist es, dass nun der Übergang in die 5. Dimension stattfinden kann. Dort gibt es nur Frieden und ein respektvolles Miteinander. Die Menschen, die dem entgegenhandeln und sich bekriegen, werden noch mehr Probleme bekommen. Also handelt bewusst, denn die Auswirkungen erhöhen sich umso schneller und stärker in dieser Übergangsphase. Und wenn Kriege beendet werden sollen, dann muss ein anderes Bewusstsein entstehen. Die Menschen müssen jetzt Rechenschaft tragen für das, was sie tun. Für ihr Handeln, für ihr Wirken. Jeder von ihnen wird jetzt in die Eigenverantwortung gezwungen. Vertuschungen brechen auf und kommen ans Tageslicht und faule Kompromisse werden aufgedeckt. Gier- oder Machtgehabe sollen beendet werden. Fürsorge und Miteinander,

Wertschätzung und Achtung sollen stattdessen gelebt werden. Ihr habt nun die Informationen, welche für euch enorm wichtig sind.

Es ist eine große Chance für die gesamte Menschheit, zu wachsen, zu heilen und ihren Planeten zu retten. Darum nun mein Aufruf an die Erdenengel, die Hüter der Mutter Erde, an alle Indigokinder, an die Sternenkinder und Kristallkinder, an die Hüter des göttlichen Lichts sowie an die Regenbogenkinder:

Erwachet!
Gebt Euer Wissen weiter!

Ihr werdet jetzt gebraucht. Versteckt euch nicht mehr und sprecht die Wahrheit. Lebt den Menschen vor, wie es geht. Gebraucht eure Kräfte und euer Wissen. Nutzt es für euch, für die Erde und für die Menschheit. Jetzt ist die Zeit reif. Ihr seid alle von anderen Planeten hier auf die Erde gekommen, um die Menschheit zu führen ... in ein neues Bewusstsein, in eine neue Dimension!

Ich, Gabriel, werde euch mit weiteren Informationen auf dem Laufenden halten. Fühlt euch beschützt und behütet! Das unterstützt den Prozess. Denn Angst ist keine gute Energie. Damit zieht ihr genau das an, was ihr nicht wollt. Angst war noch nie ein guter Wegbegleiter. Fühlt ihr euch sicher, dann zieht ihr die Sicherheit an. Bleibt in der Ruhe. Ich, Gabriel, bin euer ›himmlischer Airbag‹. Wer an mich glaubt, den werde ich schützen.«

Durch diese Botschaft von Gabriel, sah ich, wie all die Puzzleteile ineinander gingen. Ich erkannte, dass all die Informationen der vergangenen Jahre nun zum Tragen kommen würden. Die Wichtigkeit, was es mit der Schwingungserhöhung und dem Quantensprung auf sich hatte, wurde mir immer deutlicher bewusst. Es dämmerte mir, wie viele Lichtseelen für diesen göttlichen Plan, hier auf der Erde gebraucht werden. Darum erwachen all die Seelen aus den unterschiedlichen Lichtlinien, da alle ihre eigenen Fähigkeiten besitzen. So kann jeder in seinem Bereich mitwirken, um das große Ziel zu erreichen. Die vielen Puzzleteile ergaben langsam ein Bild.

Gabriel bat mich, jeden Sonntag um 19:00 Uhr mit den Erdenengeln Flügelarbeit an der Erde zu machen. So gründete ich eine WhatsApp- und Facebook-Gruppe mit unseren Erdenengeln und wir fingen an, wie von Gabriel gewünscht, jeden Sonntag Flügelarbeit an der Erde zu machen. Das erste Mal war für mich so eine wundervolle Erfahrung, dass ich meinen Augen nicht traute. Ich sah Gabriel in weißer Robe mit einer weißen Pelzstola und einer goldenen Lanze, wie er auf einem weißen Schimmel saß. Hinter ihm sah ich hunderte von Engel, die ihn begleiteten. Er sagte mir, es sei sein Engelsheer. Sein Anblick und das der anderen Engel haben mich so bewegt, dass ich zuerst zwanzig Minuten weinte, bevor ich mitarbeiten konnte. Das Bild, welches sich vor meinem geistigen Auge auftat, war unsagbar schön. Ich sah, wie die Erdenengel einen Kreis um die Erde bildeten. Außerhalb standen dann die Engel, die Gabriel mitgebracht hatte, und bildeten einen Kreis um die Erdenengel. Die Erde war eingehüllt in Flügel und Liebe. Meine Emotionen schlugen Purzelbäume und mir liefen während der ganzen Flügelarbeit an der Erde die Tränen über das Gesicht. Es fühlte sich unsagbar heilsam an für alle Beteiligten. Das ganze Spektakel dauerte ca. 40 Minuten und ich fragte mich, ob nun meine Fantasie mit mir durchging. Mein Körper zitterte immer noch, jedoch bekam ich kurzerhand Rückmeldung von den anderen Teilnehmern. Sie sahen genau das gleiche wie ich! Sie sahen die Erdenengel, wie sie einen Kreis um die Erde gebildet hatten und auch die anderen Engel hinter den Erdenengeln. Da wusste ich, dass ich mir nichts eingebildet hatte. Was für ein schönes Erlebnis. Wir waren alle so begeistert, dass wir beschlossen, das weiterzuführen. Und so kam es, dass wir jeden Sonntag um 19:00 Uhr Flügelarbeit an der Mutter Erde machten. Es sprach sich herum, so dass immer mehr teilnehmen wollten. Gabriels Wunsch nahm erneut eine eigene Dynamik an. Die Erlebnisse, die wir an den Abenden gemeinsam erleben dürfen, sind immer einzigartig. Gabriel freut sich über jede Person, die teilnimmt und mitwirkt, denn in der Gemeinsamkeit können wir mehr bewirken.

Doch damit war es noch nicht vorbei. Am 10.04.2020 erhielt ich dann eine weitere Info von Gabriel:

»Meine lieben Erdenengel, momentan gehen viele Personen durch eine schwere Zeit und gerade in dieser Zeit ist es wichtig, dass ihr Unterstützung von mir, Gabriel, erhaltet. Ich möchte euch wichtige Informationen zukommen lassen, denn Ostern steht vor der Tür. Ostern ist für euch Menschen symbolisch immer eine wichtige Zeit. Die Osterzeit ist eine Zeit, in der etwas Altes gehen und etwas Neues wachsen darf. Ihr habt in den letzten Jahren immer wichtige Botschaften in den Channel-Events von mir erhalten. So habe ich auch dieses Mal eine wichtige Nachricht für euch mitgebracht.

Alles im Leben hat seinen Sinn. So auch das Coronavirus. Das Virus führt dazu, dass ihr beginnt, euer Leben zu überdenken. Damit ihr zur Ruhe findet und die wirklich wichtigen Dinge im Leben wieder wahrnehmt. Durch das Virus sind reichlich Menschen schlagartig aus ihrem Alltag herausgerissen worden. Es ist eine Zwangspause, um sich neu zu sortieren und in der Folge anders zu agieren.

Die Menschen, die das tun, werden in der Zukunft einen wundervollen Neubeginn haben. Sie werden himmlisch unterstützt und begleitet.

Die Menschen, die wütend und aggressiv sind, die sogar dagegen ankämpfen, laufen Gefahr, durch ihren inneren Kampf einen Zusammenbruch zu erleiden. Das verursacht aber kein Engel und kein Gott, sondern die jeweilige Person selbst. Was mir persönlich sehr leidtut, denn ihr wisst, dass wir Engel immer darauf ausgerichtet sind, euch Menschen zu helfen. Deswegen würden wir nie etwas tun, was euch Schaden zufügt. Vertraut auf den göttlichen Plan. Vertraut auf euer Wissen, welches ihr gelernt habt und setzt dieses weise und bedacht ein. Jetzt ist die Zeit da, wo alle Menschen Rechenschaft tragen müssen. Für ihr Denken, für ihr Sprechen und für ihr Handeln. Sollte das Außen euch nicht gefallen, dann denkt bitte daran, dass ihr es selbst verursacht habt. Niemand außer euch, nur ihr selbst. Die Zeit der Eigenverantwortung bedeutet für euch Selbstreflexion. Reflektiert, was ihr denkt, sprecht und wie ihr handelt. Wo könntet ihr dieses noch verbessern? All das wird jetzt vermehrt von euch Menschen gefordert. Damit ihr lernt, in das bewusste Erschaffen zu kommen.

Denn in der 5. Dimension ist es nicht mehr möglich, schlecht oder negativ zu denken, zu sprechen und zu handeln. Wer das dennoch tut, wird sich schwertun, den Schritt in diese Ebene zu vollziehen. Stattdessen werden die Menschen es leicht haben, die voller Liebe und Herzlichkeit sind, die das Miteinander wertschätzen und welche die Wertschätzung gegenüber den anderen Menschen leben. Denn die Liebe öffnet neue Wege und Türen! Ihr wisst, die Liebe ist die stärkste Macht und sie heilt alle Wunden. Wer die Liebe in seinem Herzen trägt, dem wird verziehen und alle Wunden werden heilen. Egal, was die

Person getan hat, und egal, was in der Vergangenheit war, das Karma wird getilgt.

Ostern ist für euch Menschen ein Fest der Wiedergeburt. Eine Vielzahl von Personen erleben hier auf der Erde diese ›Wiedergeburt‹ und andere verlassen wiederum die Erde und gebären sich auf andere Planeten. Die Entscheidung trifft aber jede Seele selbst. Denn wir Engel müssen den eigenen Willen von euch Menschen respektieren. Es ist das oberste Gebot, in das auch wir Engel nicht eingreifen dürfen! Diesbezüglich möchte ich euch nochmal daran erinnern, dass ihr selbst die Schöpfer eurer Leben seid. Schöpft weise und schaut, was ihr mit euren Gedanken und euren Emotionen erschafft. Denn egal, ob es gut oder schlecht ist, erschaffen habt ihr es selbst. Und wenn euch das Erschaffene nicht gefällt, dann reflektiert euer Handeln. Denn ihr tragt ab dem Zeitpunkt der Manifestation die alleinige Konsequenz dafür.

Habt keine Angst, alle Seelen sind gleichwertig. Doch jede Seele will ihren eigenen Weg gehen. Und diesen haben wir Engel zu respektieren. Im Himmel, wie auf Erden. Denn dort gelten die gleichen Gesetze. Auch wenn viele Seelen derzeit die Erde verlassen, ist es für diese Seelen dennoch eine Wiedergeburt sowie ein neuer Weg, den sie gehen dürfen. Alle Seelen werden von den Engeln empfangen, denn es gibt keinen strafenden Gott. Gott, euer Schöpfer, ist voller Liebe, Verständnis und Wertschätzung. Er liebt euch wie eigene Kinder und darum würde er euch nie Schaden zufügen. Wer etwas anderes behauptet, spricht nicht die Wahrheit. Denkt bitte daran, wir Engel können nicht lügen. Wir sind darauf ausgerichtet, ausschließlich die Wahrheit zu sprechen ... Wir sind darauf ausgerichtet, euch zu unterstützen und euch zu helfen.

Schreitet nun mutig voran! Jetzt ist die Zeit gekommen, in der ihr vertrauensvoll in die Zukunft blicken dürft. Ihr wisst, auch wenn sich derzeit im Außen der Zusammenbruch zeigt, kann so manche Fata Morgana ganz schnell wieder verschwinden. So schnell wie das Virus kam, so schnell kann es wieder gehen. Darum habt genau in diesem Moment und in dieser Zeit Vertrauen. Denn jetzt werden alle Menschen getestet, wie weit sie sind. Es ist ein Vertrauenstest. Auch ihr Erdenengel werdet getestet in eurem Reifegrad. Ich, Gabriel, habe euch immer gesagt: Wenn die Engel fallen, dann fallen auch die Menschen. Nun zeigt sich, wer fällt und wer steht.

Ich möchte euch sagen, dass ich unglaublich stolz bin, was ich mit euch Erdenengeln in den letzten Wochen geleistet habe. Es war sehr berührend für mich zu sehen, wie ihr alle zur Stelle seid, wenn ich rufe! Voller Stolz und Dankbarkeit habe ich den anderen Engeln im Himmel mein irdisches Erdenengel-Heer präsentiert. Durch unsere gemeinsame Zusammenarbeit haben wir Großes bewirkt! Ihr seid euch dessen noch nicht bewusst, aber die Erde vollzieht den Quantensprung! Dieses Ereignis wird jetzt über die Ostertage besiegelt.

Nach Ostern werden deswegen viele alte Regeln nicht mehr funktionieren. Ihr wisst dann, warum das so ist. Darum bitte ich euch, geht bewusst und bedacht die Ostertage an. Seid bewusst in dem, was geschieht. Haltet inne und bleibt in der Ruhe, denn dieses Ereignis wird in dieser Form nie mehr stattfinden. Ihr, meine lieben Erdenengel, habt einen großen Beitrag daran geleistet! Wenn wir gemeinsam am Sonntag zum wiederholten Mal an der Erde arbeiten, wird die Erde den Quantensprung vollziehen. Das Portal ist geöffnet! Es wartet ein besonderes Ereignis auf euch. Lasst euch überraschen! Und bitte seid alle dabei. Ich, Gabriel, werde den ganzen Himmel in Aufruhr bringen und alle Lichtwesen mobilisieren, dass sie anwesend sind. Ich freue mich sehr, mit euch dieses Er-

lebnis teilen zu dürfen und mit eurer Hilfe diesen Quantensprung vollziehen zu können. Welch ein himmlisches Freudenfest!

Meine Dankbarkeit kann ich kaum in Worte fassen. Den Stolz und die Freude, die ich in mir trage, sind aber so groß, dass ihr das fühlen könnt. Und ihr werdet es fühlen, wenn wir uns am Sonntag wieder treffen und gemeinsam an der Erde arbeiten. Haltet Ausschau nach mir und meinem himmlischen Heer. Wir sind da, seid gewiss!

Meine lieben Freunde:

Freude, Freude, Freude!

Liebe, Liebe, Liebe!

Fülle, Fülle, Fülle!

In tiefer Dankbarkeit und großer Vorfreude auf ein wundervolles Ereignis!«

Als ich die Worte von Gabriel erhielt, bekam ich Gänsehaut. Kann das alles wahr sein? Der Verstand schaltete sich wieder mal dazwischen. Doch mir fiel auf, dass ich Tränen in den Augen hatte. So wurde mir bewusst, dass es keinen Grund zum Zweifeln gab.

Dazwischen erhielt ich eine weitere Botschaft von einem anderen Engel – einem Elohim. Sie fragen sich jetzt vielleicht: »Was sind Elohim?« Elohim sind mächtige Schöpferengel, die den Schöpfungsprozess seit Anbeginn unterstützen. Man nennt sie auch die rechte Hand Gottes. Sie stehen in der göttlichen Schwingungsebene direkt unter Gott über allen anderen Engeln. Sie sind himmlische Lehrer für andere Wesen, für alle, die dem großen Ganzen dienen, die im göttlichen Plan mitwirken. Sie sind sehr licht- und machtvoll und Ihre Aufgaben sind:

- Die göttliche Wahrheit und Ordnung aufrecht zu erhalten.

- Den göttlichen Plan zu überwachen und dabei zu helfen, zu manifestieren und zu erschaffen.
- Die Schöpfung zu schützen.

Wenn ich himmlische Botschaften von einem Elohim erhalte, geben Sie mir Namen, wie ich sie ansprechen darf. Darum wundern Sie sich bitte nicht, wenn Sie diese Namen noch nie gehört haben. Für mich ist es einfach eine Hilfe, leichter in Kontakt mit ihnen zu treten und sie auseinander zu halten. Im folgenden Channeling bekam ich eine Nachricht von Elohim Nomi:

Channeling Nomi vom 20.03.2020:

»Ich bin Elohim Nomi und ich habe für Dich eine Botschaft zu den aktuellen Ereignissen. Sigrun, Du hast mich gefragt, was das alles zu bedeuten hat und darauf möchte ich Dir gerne Antworten geben.

Es wird eine große Veränderung auf der Erde erwartet. Über lange Zeit wurden Du und die Erdenengel darauf vorbereitet. Von Erzengel Gabriel, aber auch von vielen anderen Engeln. Auch wir Elohim waren für euch da und haben euch Informationen gegeben. Ihr habt vor längerer Zeit schon die Information erhalten, dass die Erde keine weiteren Schäden mehr abfangen kann. Deswegen werden jetzt Maßnahmen getroffen, damit die Erde sich erholen und aufatmen kann.

Alles hat seinen Sinn. So werdet auch ihr Menschen dazu gedrängt, in die Ruhe zu gehen. Denn in der Ruhe liegt die Kraft und in der Ruhe kann Neues entstehen. In der Ruhe werdet ihr kreativ. Im Stress funktioniert ihr Menschen nur aus alten Rastern und aus alten Prägungen heraus. Da das Alte aber vergehen und ihr dieses loslassen solltet, wurde ein Weg geschaffen, um dies zu tun. Ihr Menschen schafft es ohne himmlische Unter-

stützung leider nicht. Darum habt keine Angst, sondern geht in euer Vertrauen und wisst, dass es zu eurem besten Wohle ist. Jede Seele hat ihren Seelenauftrag, jede Seele hat ihren Lebensauftrag für dieses Leben mitgebracht. Genau dieser Lebensauftrag kommt jetzt zu tragen. Jetzt ist es für euch wichtig, in der Ruhe zu bleiben und nicht in Stress und Panik zu geraten. Denn wenn ihr das tun würdet, würdet ihr genau wieder aus diesem alten Raster heraus handeln. Da aber neue Ideen, Kreativität sowie neues Bewusstsein von euch gefordert wird, ist die Ruhe dringend notwendig, da ihr sonst den Übergang in die 5. Dimension nicht schaffen könnt. Ihr werdet nochmals verstärkt mit euren eigenen Themen konfrontiert – im positiven wie im negativen. Ihr werdet dazu gezwungen, innezuhalten und euch zu besinnen, was wirklich wichtig ist. Ihr habt in der Vergangenheit die existenziell wichtigen Dinge vergessen. Jetzt dürft ihr Menschen erkennen, dass keine Gesundheit, keine Liebe, kein Frieden, keine Sicherheit, mit jeglichem Geld der Welt zu kaufen ist.

Es ist Zeit ... um aufzuwachen und nachzudenken.

Es ist Zeit ... um sich zu besinnen, innezuhalten und die wirklich wichtigen Dinge zu erkennen.

Es ist Zeit ... um zusammenzurücken, sich gegenseitig wertzuschätzen und zu lieben.

Denn all die Streitigkeiten, das Leid, die Aggressionen, die Vorwürfe, die Wut, die Missgunst usw. haben in der neuen Realität keinen Platz mehr. Dort gibt es Frieden, Freude, Miteinander, Wertschätzung und Dankbarkeit. Ich, Nomi, habe Dir, Sigrun, im Jahr 2018 schon mitgeteilt, dass es mehrere Phasen beziehungsweise Stufen zur Schwingungserhöhung geben wird, die ihr noch durchlaufen wertet.

- *Stufe 1: Das Erwachen*
- *Stufe 2: Die Entscheidungen*
- *Stufe 3: Die Veränderungen*
- *Stufe 4: Die Reinigung und Klärung*
- *Stufe 5: Die Harmonisierung*

Es ist für euch Menschen sehr wichtig, dass ihr versteht, was passiert. Denn so braucht ihr euch nicht zu fürchten oder zu ängstigen. Das Ziel ist einfach wundervoll! Die Engel sind da, um euch Menschen in diesem Prozess zu unterstützen. Darum ruft uns, wir werden kommen. Wir haben uns über lange Zeit auf diesen Moment vorbereitet. Nun ist es endlich soweit und der Schritt wird vollzogen.

Ihr Erdenengel seid so gut vorbereitet worden auf diesen Quantensprung, auf das neue Leben, welches hier auf der Erde auf euch wartet. Ihr habt alles himmlische Wissen, welches ihr benötigt. Aus diesem Grund seid mutig und setzt jetzt euer Wissen ein. Jetzt werdet ihr getestet und ihr seid gefordert, stabil zu stehen und die anderen Menschen zu unterstützen mit eurem Wissen und mit eurer Erfahrung. Denkt daran, wir Elohim sind darauf ausgerichtet, euch Erdenengeln zu helfen, euch beizustehen und zu begleiten. Seid jetzt mutig und helft den anderen Menschen. Denn sie haben Angst und sie wissen nicht, um was es geht. In tiefer Liebe und Dankbarkeit!«

Diese Nachricht beschreibt für mich sehr genau, dass ein Wandel zum Guten ansteht. Wir sollten die Hoffnung nicht aufgeben, sondern für unser Wohlergehen und unser Glück etwas tun. Resignation hilft keinem weiter. Doch wenn noch mehr Erdenengel sowie die anderen Lichtseelen aufwachen und ins Handeln kommen, werden wir es in der Gemeinschaft schaffen, dass wir das göttliche Ziel, nämlich ein friedvolles Leben hier auf der

Erde, erreichen. Die Worte von Elohim Nomi sind sehr wichtig, darum möchte ich gerne noch intensiver auf die fünf Phasen der Schwingungserhöhung eingehen. Anbei ein paar Auszüge aus meinem Workshop: »Der Weg in die 5. Dimension.«

Stufe 1 – Das Erwachen

Spirituelles Erwachen findet meist über Schicksalsschläge oder Ruhephasen statt. Finden wir dauerhaft nicht die Ruhe, in der wir uns entwickeln können, dann findet das Leben andere Wege und Möglichkeiten. Oft sind es Krankheiten oder äußere Gegebenheiten, aber auch Todesfälle können uns aus der Bahn werfen. Derzeit ist es das Coronavirus, das uns aus dem Alltag holt und uns Zeit zum Nachdenken gibt.

Gerade in solchen Zeiten ist es wichtig, inne zu halten, zu schauen, was das Leben uns zeigen will, und sich auf die wichtigen Dinge zu besinnen und zu reflektieren. Doch dazu müssen wir eben in die Ruhe kommen. Denn in der Ruhe liegt die Kraft, in der Ruhe werden wir kreativ. So finden wir aus dem allbekannten Hamsterrad und können Neues entstehen lassen. Allerdings müssen wir vorher aussteigen aus diesem Hamsterrad. Denn nur in der Ruhe kann die Seele wachsen und agieren. Dort werden unsere Sinne geschärft und die Intuition wieder erhöht. Die Kreativität erwacht aus ihrem Schlaf und neue gedankliche Samen können gepflanzt und zum Leben erweckt werden.

Gerade die Erdenengel und die anderen Lichtseelen sollten sich fragen: »Wer bin ich? Was ist mein Auftrag hier auf der Erde? Warum bin ich hier?« Denn wenn ein Erdenengel als Lichtseele seinen Engels-Körper verlässt, dann muss das schon ein sehr wichtiger Grund sein. Einfach so macht das bestimmt keiner.

Die Lichtseelen sind nämlich alle hier, um zu lehren. Sie sind hier, um zu heilen. Denn sie haben allesamt ein Seelenversprechen an Gott unseren Urschöpfer abgegeben.

Stufe 2 – Die Entscheidungen

In dieser Phase geht es um die Bewusstmachung. Wir werden mit den eigenen Themen nochmals verstärkt konfrontiert. Wir sollten klären, was noch für uns passt, was nicht mehr stimmig ist. »Wo lebe ich noch faule Kompromisse und was macht mir schlechte Gefühle? Was möchte ich beenden, worunter leide ich?« Daher ist sehr wichtig, dass wir uns der Situation stellen. So können wir gezielt Veränderungen vornehmen. Im Nachgang sollten wir uns dann überlegen: »Wie möchte ich leben?« Wir sollten den Fokus darauf lenken, was uns wichtig ist. »Wie sollte mein eigener Lebensfilm ausschauen?« Wenn wir uns dessen im Klaren sind, können wir auch Entscheidungen treffen.

Stufe 3 – Die Veränderungen

Sind wir dort angelangt, dann ist es Zeit zu entmüllen. Wir dürfen Platz schaffen für Neues. Doch damit das Neue Platz hat in unserem Leben, müssen wir Altes erst einmal loslassen. Und mit Entmüllen, Ist auch wirklich aufräumen und ausmisten gemeint. Das Zeitfenster, das sich öffnet, sollte genutzt werden. Umsetzen und Handeln ist angesagt. Wir müssen das Außen dem neuen Bewusstsein anpassen und Veränderungen vornehmen. Das heißt: Mutig vorwärtsschreiten und handeln. Herausgehen aus der Komfortzone und neue Wege beschreiten.

In dieser 3. Stufe werden wir verstärkt genau dazu aufgefordert. Auch wenn es bisher noch sehr locker war, ab diesem Zeitpunkt wird die Seele den Druck erhöhen.

Stufe 4 – Die Reinigung und Klärung
Hier finden wir wieder Klarheit – im Innen wie im Außen. Es werden sich noch ein paar Restausläufer zeigen, die aber ein Ende finden werden. Neue Strukturen und Möglichkeiten tun sich auf. Es ist eine Phase, um sich mit den neuen Gegebenheiten vertraut zu machen. Die »göttliche Ordnung« stellt sich wieder ein.

Stufe 5 – Die Harmonisierung
Ein wichtiger Bereich in dieser Stufe wird es sein, das Neue in den Alltag mit einzubinden und zu festigen. Die Routine und Sicherheit stellen sich wieder ein. Wertschätzung und Dankbarkeit werden ein großer Aspekt in dieser Stufe sein. Friede, Freude, Glück, Liebe, Herzlichkeit und Miteinander sind das große Ziel. Harmonie und innere Balance sind das Resultat daraus.

Gerade die Erdenengel sind in dieser Zeit aufgefordert, Eigenverantwortung zu übernehmen. Hier gibt es ein paar Punkte zu beachten, die ich gerne aufführen möchte:

- Achten Sie bewusst auf Ihre Gedanken.
- Wut, Aggressivität und innerer Kampf wirken sich zerstörerisch aus. Sie laufen durch den inneren Kampf Gefahr, einen Zusammenbruch zu erleiden.
- Vertrauen Sie Ihren eigenen Fähigkeiten und Talenten, denn Vertrauen bringt Sicherheit.
- Achten Sie bewusst auf das, was Sie sprechen. Sprechen Sie wahre, liebevolle und herzliche Worte.
- Sprechen Sie wertschätzende und respektvolle Worte gegenüber sich selbst und anderen Personen.
- Geben Sie die Verantwortung nicht mehr ab und finden Sie keine Ausreden.

- Seien Sie ehrlich zu sich selbst.
- Handeln Sie selbstbewusst.

Worte sind kostenlos und Sie können alle verwenden, die Sie möchten. Wählen Sie darum weise und suchen Sie sich die richtigen Worte aus. Denn damit erschaffen Sie Ihre Zukunft. Denn Sie wissen ja: Zuerst kommt der Gedanke, dann das gesprochene Wort, dadurch manifestieren sich Ihre Worte und danach realisieren sie sich. Ab dem Zeitpunkt der Manifestation tragen Sie die alleinige Konsequenz. Umso wichtiger ist es, bewusst zu werden und sich selbst mehr zu reflektieren. Wir manifestieren sehr viel unbewusst. Im Umkehrschluss heißt das aber, dass wir nun eine Möglichkeit an die Hand bekommen, wie wir das gezielt und bewusst tun können. Wir erhalten genaue Anweisungen, was wir beachten sollten. Ist das nicht wundervoll?

Alles, was nicht in Balance ist, wird sich durch die Schwingungserhöhung nochmals verstärkt zeigen. Deswegen funktionieren faule Kompromisse immer noch weniger, wie in den letzten Jahren. Viele alte Regeln oder veraltetes Wissen finden keinen Bestand mehr. Alte Anschauungen wie: »Das war doch schon immer so und wird auch immer so sein«, werden nicht mehr greifen. Die Menschheit steht vor einer großen Veränderung. Wir werden alle getestet und geprüft. Wir werden dazu aufgefordert, in die Ruhe und Besinnung zu gehen, unser Leben zu überdenken und zu schauen, was für uns noch stimmig ist.

Der Seelenauftrag, welchen jede Seele mitgebracht hat, verstärkt sich abermals. Der Seelenruf wird lauter, so dass wir ihn nicht mehr überhören können. Wir müssen lernen, unser Bewusstsein den neuen Gegebenheiten anzupassen und Eigenverantwortung zu übernehmen. Das

Gesetz von »Ursache und Wirkung« greift immer schneller, es wird eine zeitliche Beschleunigung stattfinden. Einfach mal abwarten und mal schauen, was so passiert, ist vorbei. Das Leben fordert uns auf zu handeln.

Krankheiten – erkenne die Warnsignale

Gerade in der Zeit der Schwingungserhöhung sind Erholungspausen besonders wichtig. Das eigene Wohlergehen steht nun im Vordergrund. Denn Körper, Geist und Seele sind eine Einheit und in dieser Einheit muss der Übergang in die 5. Dimension gemacht werden. In den letzten Jahren fand ein großes spirituelles Erwachen statt. Die Priorität des Körpers wurde dabei vergessen. Die körperlichen Auswirkungen zeigen sind derzeit sehr stark. Das Ungleichgewicht von Körper, Geist und Seele wird spürbar. Dadurch bekommt jeder einzelne die Möglichkeit, sich seinen körperlichen Schwächen anzunehmen. Unsere Körper dürfen heilen.

Unser Körper gibt uns Signale, welche uns Menschen etwas mitteilen sollen. Doch wie so oft übersehen oder überhören wir diese Hinweise. Haben Sie schon mal darüber nachgedacht, warum wir krank werden und Schmerzen bekommen? Ich habe mir lange darüber Gedanken gemacht und auch die ein oder andere Erkenntnis bekommen. In meiner täglichen Coachingarbeit konnte ich erkennen, dass kranke Menschen meist über einen längeren Zeitraum unter einer bestimmten Situation litten. Und wenn sie das zu lange tun bzw. sie sich zu lange in dem Leid aufhalten, dann werden sie krank. Aber das genügte mir nicht. Da musste doch noch mehr dahinterstecken. Ich dachte mir: »Unser menschlicher Blickwinkel ist bekanntlich sehr begrenzt. Wie die Engel das wohl sehen?« Mein Entschluss, wieder einmal Gabriel zu diesem Thema zu befragen, stand fest. So wie ich etwas Zeit hatte, tat ich das. Seine Antwort dazu möchte ich hier aufführen:

Gabriel: *»Liebe Sigrun, ich möchte Dir dazu gerne Antwort geben. Allerdings ist meine Erklärung nicht me-*

dizinisch. Ich möchte Dir gerne erklären, wie sich eine Krankheit energetisch aufbaut und wie ihr Menschen die Warnsignale wahrnehmen könnt. Das soll euch helfen, achtsamer zu werden im Umgang mit eurem Körper und eurem Wohlbefinden. Weißt Du, Sigrun ...

In einem gesunden Körper wohnt ein gesunder Geist.
In einem kranken Körper wohnt ein kranker Geist.
Positive Gedanken erheben euch und machen euch fit und vital.
Negative Gedanken schwächen euch und machen euch labil und krank.

Das Innere, eure Gedanken und Gefühle, sowie eure Schwingung werden so im Außen sichtbar. Die negativen Gedanken verursachen negative Gefühle und die lagern sich in eurem Inneren, sprich in euren Organen ab. Das heißt auch, je länger ihr Menschen die negativen Gedanken und Emotionen in euch tragt, umso stärker und schwerwiegender wird die Erkrankung. Der Körper gibt euch Signale. Übergeht und überseht ihr diese Warnsignale, dann wird die Erkrankung Fahrt aufnehmen und sich verstärken. Denn eine Erkrankung baut sich stufenweise auf:

1. *Leichte Schmerzen*
   Zuerst zeigt sich ein leichter Schmerz, wie z.B. ein Kopfschmerz. Übergeht ihr diesen aber häufig, dann wird sich der Kopfschmerz öfter zeigen und sich vermehren.

2. *Stärkere Schmerzen*
   Wenn stärkere Schmerzen eintreten, neigt ihr dazu, Medikamente einzunehmen. Dabei wird vielleicht das Symptom gelindert, aber die Ursache wird nicht

beseitigt. Ihr solltet euch besser fragen, was euch den Kopfschmerz bereitet. Über was macht ihr euch Kopfzerbrechen? Irgendetwas gehört verändert oder bereinigt in eurem Leben. Wo seid ihr auf dem falschen Weg? Verändert ihr nichts und bleibt weiterhin in eurem Alltagstrott verhaftet, dann wird sich die Erkrankung weiterhin verstärken.

3. *Chronische Erkrankung*
   Wenn ihr weiterhin nichts verändert und wie gehabt den bisherigen Weg geht, wird sich irgendwann eine chronische Erkrankung daraus entwickeln. In dieser Stufe habt ihr immer noch die Möglichkeit zu agieren. Ihr könnt euer Leben noch selbst bestimmen und Veränderungen vornehmen.

4. *Schicksalsschläge*
   Erkennt ihr die Zeichen, die euer Körper euch gibt, immer noch nicht, dann folgt der Schicksalsschlag. Das Schicksal versucht, euch in eine andere Bahn bzw. Richtung zu schieben. In dieser Stufe könnt ihr nur noch reagieren und müsst meistens schon Schadensbegrenzung betreiben. Darum achtet darauf, dass es nicht soweit kommt.

5. *Lebensbedrohliche Erkrankung*
   Die lebensbedrohliche Erkrankung kommt nicht einfach so. Ihr müsst vorher schon viele Zeichen und Warnsignale über einen langen Zeitraum übergangen haben. Eure Seele gibt euch ein Zeichen, dass sie so nicht mehr weiterkommt. Sie möchte euch hinweisen, dass sie sich auf diesem Weg nicht mehr entwickeln und wachsen kann. Wenn jemand auf dieser Stufe bereits angekommen ist, dann ist es

fünf vor zwölf. Die Person bekommt nochmals eine Chance. Manchmal nicht nur einmal. Aber viele Menschen erkennen das leider nicht. In dem Moment solltet ihr schnellstens etwas verändern und handeln. Ihr müsst das beenden, worunter ihr leidet. Sofort!

6. *Die Seele verlässt den menschlichen Körper*
   Verändert ihr dann immer noch nichts, wird die Seele den Körper verlassen, weil sie sich nicht mehr entwickeln kann. Sie wird sich dann wieder zurückziehen und neu orientieren. Denn eine Seele möchte wachsen und dazulernen. Sie sucht in der Folge nach neuen Möglichkeiten, durch welche sie das wieder kann.

Die Erkrankungen von euch Menschen hängen stark mit eurer psychischen Verfassung zusammen. Der Körper wird krank, wenn der Geist nicht gesund ist. Das soll nicht heißen, dass jemand gleich psychisch krank sein muss. Ganz im Gegenteil. Wenn ihr leidet, dann zeigt euch der Geist, dass etwas nicht stimmt. Er sehnt sich nach Ruhe und Erholung. Wenn ihr Streit mit jemanden habt, dann sehnt ihr euch nach Frieden. Probleme gehen euch auf den Geist. Viele von euch kennen sicherlich das Sprichwort: »Das geht mir so auf den Geist!« Wie wahr. Auch euer Geist kann eine gesundheitliche Störung haben. Die Signale sind schwer zu erkennen. Der Geist kann auch einmal kränkeln, es muss nicht gleich eine schwere geistige Erkrankung sein. Wenn euer Körper krank wird, dann achtet ihr bewusster darauf, dass ihr euch gesund ernährt, dass ihr euch eine Erholungspause gönnt. Ihr nehmt vielleicht noch Vitamine, usw. Aber was tut ihr, wenn euer Geist kränkelt? Welche Vitamine gibt es hierfür? Habt ihr euch darüber schon mal Gedanken gemacht? Was hilft euch, dass sich das geistige Wohlbefinden wiedereinstellt?

Ihr braucht geistige Vitamine. Darunter zählen z. B. Motivations- oder Hörbücher sowie Tiefenentspannung wie Yoga, Meditationen oder Autogenes Training. Manchmal hilft auch gute Musik oder etwas zu tun, was einem Spaß macht. Spazieren gehen und Waldbaden sind auch gute Hilfsmittel. Freude und lustige Dinge helfen dabei, dass der Geist heilen kann. Vermeidet alles, was Ärger, Stress und Trauer hervorruft. Damit verstärkt ihr nur wieder das Leid. Ist der Körper, der Geist und die Seele in Dysbalance, dann werdet ihr Menschen krank. Ist auf der körperlichen Ebene nichts aufzufinden, dann hat sich die Erkrankung auf der geistigen, seelischen oder energetischen Ebene manifestiert. Darum solltet ihr immer jede Person ganzheitlich betrachten. Es muss wieder eine Balance hergestellt werden.

Leider ist eure westliche Medizin zu sehr darauf ausgerichtet, die Symptome zu behandeln. Und greift dort die Medizin nicht, dann ist es psychisch. Dafür gibt es dann Medikamente. Doch die Ursache, das Leid, welches die psychische Erkrankung auslöst, wird nicht gelöst. Dabei wäre das gerade enorm wichtig, damit der Geist bzw. die Psyche wieder genesen kann.

Für euch Menschen bedeutet das, dass ihr viel mehr auf euer ganzheitliches Wohlbefinden achten müsst. Eure Gefühle sind die wichtigsten Warnsignale! Leidet ihr oder werdet ihr krank, soll euch das zeigen, dass ihr euch auf dem falschen Weg befindet. Es ist an der Zeit, etwas zu verändern. Wenn ihr zu oft eure negativen Gefühle ignoriert oder übergeht, dann und erst dann, schaltet sich der Körper ein. Die negativen Gefühle sollen euch warnen. Sie sollen euch signalisieren, dass etwas nicht in Ordnung ist. Übergeht ihr diese Warnsignale allerdings immer und immer wieder, wird der Druck erhöht.«

»Lieber Gabriel, habe ich das richtig verstanden? Im Umkehrschluss heißt das: Da viele Menschen ihre Gefühle ignorieren und somit die Warnsignale missachten, erschaffen sie sich die Krankheiten selbst? Würden sie vielmehr auf ihr Bauchgefühl hören und Veränderungen vornehmen, bekämen sie diese erst gar nicht?«

»Auch wenn es jetzt unglaublich klingt, aber genauso ist es. Irgendwie müsst ihr Menschen ja erkennen, was gut oder schlecht für euch ist. Dazu gibt es nur zwei Arten von Gefühlen: Positive oder Negative! Missachtet ihr diese, schaltet sich der Körper ein. Es ist so einfach! Bei negativen Gefühlen kommt der Schmerz, bei positiven Gefühlen kommt die Freude! Darum folgt euren positiven Gefühlen!

Viele Krankheiten können somit verschwinden und der Körper beginnt zu heilen. Wenn ihr nicht bereit seid, irgendetwas an euren Gedanken oder etwas an der Situation zu verändern, die euch schlechte Gefühle verursacht, braucht ihr euch nicht wundern, wenn keine Heilung eintritt. Nicht die Situation macht euch krank, sondern die Gedanken und Emotionen über die Situation. Also verändert sie so, dass ihr wieder gute Gefühle in euch tragen könnt. Es werden sich dann neue Wege und Türen öffnen, von denen ihr überrascht sein werdet.«

In dem Moment wurde mir klar, dass wir viel zu wenig auf unseren Körper achten. Für uns Menschen ist das längst zur Normalität geworden, dass der Körper krank wird. Wie genial ist eigentlich unser Körper? Er gibt uns Signale bzw. Warnzeichen, die uns symbolisieren sollen, dass wir uns auf dem falschen Weg befinden. Dennoch überhören wir diese vielfach und gehen unseren Alltagstrott weiter. Unser Körper hat die Fähigkeit, sich selbst zu regenerieren, wenn wir seine Signale frühzeitig wahrnehmen. Das an sich ist schon ein Wunder. Wenn wir aber ständig leiden und alle Signale überhören, dann brauchen wir uns nicht zu wundern, wenn unser Körper irgendwann krank wird. Wir sind schließlich keine Roboter. Wir haben für dieses Leben nur diesen einen Körper und wertschätzen ihn weniger als manche Münze oder Medaille. Die Gesundheit können wir uns nicht erkaufen. Sie ist viel wertvoller als jedes Geld der Welt.

Massenenergien – was machen die mit uns?

Was sind Massenenergien? Wie wirken sich diese auf Sie aus? Was machen diese mit Ihnen?

Massenenergien können sehr heftig in ihrer Auswirkung sein. Je nachdem, ob die Energie eine positive oder negative Welle nach sich zieht. Massenenergien können Sie emotional in ihren Bann ziehen. Sie wirken wie ein energetischer Orkan, der Sie mitreißt. Dieser gewaltige Sturm kann Sie plötzlich erreichen und Sie in Ihrem Handeln beeinflussen. Vielleicht haben Sie sogar selbst schon die Erfahrung gemacht, ohne dass Sie sich darüber im Klaren waren. Gerade feinfühlige oder sensible Menschen spüren das, können es aber meistens nicht zuordnen. Sie fühlen sich plötzlich deprimiert oder frustriert. Oder Sie haben urplötzlich das Gefühl, Sie müssten etwas tun, worüber Sie sich vorher nie Gedanken gemacht haben. Das können Anzeichen für eine Massenenergie sein.

Hierzu möchte ich Ihnen ein paar Beispiele aufführen. Gerade in der Finanzbranche konnte ich selbst das etlichemal beobachten. Z.B. der wiederkehrende Immobilienboom oder vor einigen Jahren der Aktienboom sind hierfür gute Paradebeispiele. Beobachten Sie mal, wie sich die Energie entwickelt. Sie baut sich sukzessive auf und zum Schluss, wenn der Markt eigentlich schon gesättigt ist, steigen selbst die Personen noch ein, die nie vorhatten, in diesem Markt zu investieren. Derzeit ist es gerade der Gold-Boom. Mir erzählte vor kurzem ein Bekannter, dass ein Schmuckhändler, den er kennen würde, derzeit täglich für 50.000 bis 60.000 € Gold verkaufen würde. Auch das ist eine Massenenergie. Die Hintergründe, warum die Personen das tun, haben nochmal andere

Gründe. Das können Ängste vor dem Kapitalverlust, einem Krieg, einer Währungsreform etc. sein. Die Energie bzw. die Ängste wirken wie eine Seuche. Es steckt einer den anderen an.

Ein positives Beispiel hierfür war die Fußball WM im Jahr 2014 in Brasilien. Können Sie sich an die gute Laune erinnern, die im ganzen Land herrschte? Als Deutschland immer weiter nach vorne rückte, war die Euphorie kaum zu bändigen. Die Welle der damaligen positiven Energie war nicht zu überbieten. Die Welle gipfelte schließlich, als Deutschland dann Fußballweltmeister wurde. Das ganze Land wurde von der Freude angesteckt. Die glücklichen und freudigen Emotionen dieser Massenenergie waren gewaltig.

Ein negatives Beispiel ist derzeit die Corona Pandemie. Die Menschen sind genervt und der Unmut wird immer größer. Die Aggressionen, die Wut, aber auch der Frust breiten sich immer mehr aus. Und das sage ich jetzt, ganz ohne ein Urteil zu sprechen, was gut oder schlecht ist. Wenn Sie mal versuchen, es neutral zu beobachten, können Sie es sicherlich auch wahrnehmen. Derzeit tobt der Corona-Orkan. Die Frust- und Depressionsenergie wird immer größer.

Emotionen sind ansteckend. Egal, ob es positive oder negative sind. Aus diesem Grund ist es so wichtig, dass Sie erkennen, wenn eine Massenenergie unterwegs ist. Denn wenn es eine negative Massenenergie ist, besteht die Gefahr, dass Sie etwas tun, was Sie eigentlich gar nicht wollten. Das Erwachen kommt leider erst zeitversetzt. Im Zweifelsfall sollten Sie im Auge des Orkans bleiben. Treffen Sie keine wichtigen Entscheidungen, sondern warten Sie ab, bis sich der Sturm gelegt hat. Dann wird die Sicht wieder klarer. Sie sind im Nachgang nicht mehr von den Emotionen der anderen Personen in Ihrem Umfeld infiziert. Warten Sie, bis sich die Emotionen wieder gelegt haben. Dann können Sie wieder frei, aus Ihren eigenen Gefühlen heraus entscheiden.

Gerade die Erdenengel sollten standfest bleiben und sich nicht mitreißen lassen. Bei Ihnen ist die Gefahr besonders groß, da sie so feinfühlig sind. Für die Erdenengel ist es wichtig, dass sie in ihrem Vertrauen bleiben und nicht in Ängste verfallen. Sie sollen weiterhin an das Gute glauben, egal, was sich gerade im Außen zeigt. Denn wenn die Erdenengel aufgeben und ihren Glauben verlieren, wie sollen dann die Menschen das durchstehen? Das Vertrauen bringt die Erdenengel an ihr Ziel. Viele Erdenengel werden jetzt auf die Probe gestellt. Lassen sie sich von dem Orkan mitreißen oder bleiben sie emotional in ihrer Sicherheit und ihrem Vertrauen? Sie werden getestet, wie sicher sie in ihrem Glauben und Fortschritt sind.

Umgang mit Ängsten – was kann ich tun? Wie finde ich mehr Sicherheit?

Ängste vernebeln oftmals die Sicht. Sie trüben unseren Geist und lassen uns aus Verzweiflung oder Panik falsche Entscheidungen treffen. Aber nicht nur aus Ängsten heraus können wir falsche Entscheidungen treffen, nicht selten sind es auch andere Emotionen, wie Begeisterung und Euphorie. Da stellt sich die Frage: Ist es wirklich die eigene Begeisterung? Oder ist es die Begeisterung einer anderen Person? Vielleicht der Person, die Ihnen gerade etwas schmackhaft machen möchte? Sie nehmen unbewusst die Energie der anderen Person auf und treten in deren Energiefeld ein. Ist diese Person begeistert von dem, was sie Ihnen anbietet, dann schwappt die Begeisterung über. Aber entspricht das auch Ihnen? Sind Sie etwa durch die Worte oder die Energie der anderen Person beeinflusst?

Leider werden wir sehr häufig von anderen Menschen fremdbeeinflusst oder gar manipuliert. Das passiert meistens unbewusst und ich möchte hier auch niemanden Böswilligkeit unterstellen. Aber dennoch kommt es öfters vor, als Sie denken. Wie können Sie das erkennen und unterscheiden?

Wenn Sie das Gefühl haben, dass könnte auch bei Ihnen so sein, dann können die folgenden Fragen für sich abklären:

- Kommen die Gefühle und Emotionen von mir selbst?
- Kommen diese von außen bzw. von einer anderen Person?
- Sind es Massenenergien?
- Handelt es sich um eine Manipulation?

Fühlen Sie in sich. Oder arbeiten Sie mit Ihrem inneren Pendel, so wie ich es Ihnen in Kapitel 3 erklärt habe. Wenden Sie diese Technik an und fragen Sie es einfach ab.

Mir hat es in der Vergangenheit außerordentlich geholfen, mir für Entscheidungen Zeit zu lassen. Ich habe mich früher leicht begeistern lassen und neigte dazu, vor lauter Euphorie vorschnell Entscheidungen zu treffen. Das hatte in der Folge dazu geführt, dass ich meine Entscheidung öfters bereut habe. Das passiert mir jetzt nicht mehr. Wenn ich ein Angebot bekomme, dann bin ich so frei und erbitte mir ein paar Tage Bedenkzeit, damit ich mir alles in Ruhe überlegen kann.

Wie können Sie leichter zu richtigen Entscheidungen finden?

Klären Sie folgende Fragen:

- Befinde ich mich auf dem falschen Weg?
- Entspricht das meinem Lebensweg?
- Entspricht das meiner Berufung?
- Ist es ein Teil meiner Lebensaufgabe?
- Wäre das ein Fortschritt für mich?
- Wäre es ein Rückschritt für mich?
- Oder ist es ein Seitwärtsschritt?
- Habe ich Ängste vor der Veränderung?
- Sind es Versagensängste oder Existenzängste von mir?

Beobachten Sie Ihre Gefühle!

- Was bewirkt es in Ihnen?
- Werden Sie unruhig? Schlafen Sie schlecht?
- Kommen Ängste oder andere Warnsignale?

- Bleibt ein gutes Gefühl oder war es eine kurzfristige Euphorie?
- Werden Sie freudig und bleiben Sie motiviert?
- Sind Sie gut drauf?
- Verändern sich die Emotionen oder bekommen Sie Stimmungsschwankungen?

All das sind Zeichen, die für Sie sehr wichtig sind.

- Bleibt ein gutes Gefühl, dann schreiten Sie weiter!
- Melden sich Warnsignale, dann werden Sie achtsam und überdenken bitte nochmal die Situation!
- Kommen Stimmungsschwankungen, dann treffen Sie bitte noch keine Entscheidung, bis sich Ihr Gefühl geklärt hat! Holen Sie sich weitere Informationen, bis Sie innerlich Klarheit finden.

Ich hoffe, dass Ihnen diese Tipps auch weiterhelfen und Sie dadurch in Ihren Entscheidungen mehr Sicherheit finden.

Gabriels Engelsweisheiten

Anbei noch ein paar Weisheiten, welche mir Gabriel immer wieder in den Channelings mitteilt. Mich regen seine Worte jedes Mal zum Nachdenken an. Ich hoffe, das tun sie auch bei Ihnen. Viel Spaß beim Lesen.

Wenn ihr Menschen die Hintergründe versteht,
dann könnt ihr euch nach vorne entwickeln.

Halte inne und lausche auf Dein Herz.
Deine Gefühle sagen Dir, was Du nicht mehr möchtest.
Darum quäle Dich nicht, sondern suche nach einer Möglichkeit, dies zu beenden.
Vertraue Deinen Gefühlen, sie leiten Dir den Weg.

Das Leben ist nur dann eine Tragödie,
wenn Du es nicht liebst.
Liebe Dein Leben, dann liebt Dich das Leben zurück!

Jeder Mensch hat seine eigenen Talente mitgebracht.
Setzt Du diese bewusst ein, dann wird Dein Leben voller Erfüllung und Zufriedenheit sein.
Setzt Du diese nicht ein, dann hast Du immer ein Gefühl der Unzufriedenheit.
Was sind Deine Talente?

Klare Worte zu sprechen, fällt vielen Menschen schwer.
Doch wer verstanden hat, dass diese Klarheit bringen, dem wird es leichtfallen, klare Worte zu sprechen.

Das Leben ist ein Fundament der Freude.
Denn das Leben wurde von Gott erschaffen.
Wenn Du das Wunder erkennst, dann erkennst Du, dass Du pure Freude bist!

Liebe ist wie ein Duftwasser – Du kannst es überall kostenlos versprühen.
Das Einzige, was Du investierst, sind Deine Gefühle.
Je mehr Du bereit bist, davon zu geben, umso erfüllter und liebevoller wird Dein Leben.

Wenn jemand aus dem Herzen spricht,
dann fühlst Du das.
Es sind keine Worte, die einfach verklingen.
Es sind Worte, die in Dir Gefühle erwecken.
Sie sind liebevoll und nicht urteilend.
Herzensworte sind Balsam für Deine Seele.

Die Früchte des Lebens zeigen Dir,
wie glücklich jemand ist.
Schöne und reife Früchte kannst Du nur dann ernten, wenn Du an dem, was Du tust, Spaß und Freude hast.

Handlungen sind Taten, welche die Menschen wertschätzen oder verachten.
Darum überlege Dir weise, was Du tust.
Denn hast Du einmal die Wertschätzung verloren, ist es schwer, die Achtung wieder zu erlangen.

Trägst Du die Sonne in Deinem Herzen, dann werden die anderen Menschen das erkennen.
Du wirst zum Magneten, weil Deine Worte voller Wärme und Wertschätzung sind.

Lass Deine Gedanken fliegen, denn dann kannst Du ungeahnte Höhen erreichen.
Begrenze Dich nicht, denn im Geiste ist alles möglich.
Nutze diese Möglichkeit und lass sie in Deinem Geist entstehen.
Denn alles, was Ihr Menschen bisher erschaffen habt, entstand erst einmal in Eurem Geiste.

Möchten Sie mehr von Gabriels Engelsweisheiten lesen, dann können Sie das gerne tun. Es gibt ein Engelskartenset mit vielen Weisheiten von Gabriel. Mehr dazu finden Sie auf meiner Webseite unter:
www.ender-coaching.de/angel-lights.

Affirmationen für Erdenengel

Ich nehme meine wahre Identität an,
da ich sie jetzt endlich erkannt habe.
Ich bin mir meiner Aufgabe bewusst und bringe meine vollen Kräfte zur Entfaltung, indem ich meine Engelsflügel ausbreite.
Voller Freude empfange ich jetzt alles,
was für mich bestimmt ist.
Fülle, Fülle, Fülle!

Ich setze nun meine Engelskraft wieder bewusst für mich und andere Menschen ein.
Ab heute übernehme ich wieder die volle Verantwortung für mein Leben hier auf der Erde.
Mit Spaß und Freude erfülle ich meinen Lebens- und Seelenauftrag.
Freude, Freude, Freude!

Ich bin ein wundervolles himmlisches Geschöpf.
Ab sofort bin ich mir dessen in vollem Maße bewusst.
Voller Wertschätzung und Dankbarkeit nehme ich meine Engelsenergie an,
dadurch werde ich vollkommen heil.
Heilung, Heilung, Heilung!

Da ich nun die Beziehung zu Gott wiederfinde,
kann ich auch als Mensch hier auf der Erde glückliche Beziehungen leben.
Alle Personen, die mich nicht wertschätzen,
dürfen sich nun von mir verabschieden.
Alle Personen, die mich lieben,
dürfen nun mit Freude in mein Leben treten.
Liebe, Liebe, Liebe!

Ich wünsche allen Erdenengeln, wie auch allen anderen Lichtseelen viel Kraft und Mut! Und ich danke von Herzen meinem lieben *Gabriel und allen anderen Engeln!*

Ihre
Sigrun Ender

Danksagung

Von Herzen danke ich meinem lieben Ehemann Armin für seine Hilfe und Motivation. Danke für Deine Geduld und Deine guten Tipps, wenn ich eine Schreibblockade hatte. Des Weiteren danke ich meinen beiden Erdenengeln Ulrike und Franziska für Ihre Unterstützung und ihr Schreibcoaching. Ebenso möchte ich meinen beiden Söhnen danken, denn meine Zeit für sie war in letzter Zeit sehr begrenzt. Danke für Euer Verständnis. Ein herzliches Dankeschön möchte ich auch an alle aussprechen, die mich auf meinem Weg begleiten.

Und natürlich danke ich meinem himmlischen Freund Gabriel für sein Wissen. Für seine vielen wertvollen Botschaften, Gespräche und für die Entstehung dieses Buches. Denn während das geschah, war ich die meiste Zeit mit ihm in Kontakt. Freude, Freude, Freude, lieber Gabriel!